高校语言文字传承与推广研究

杜成金 · 著

中国纺织出版社有限公司

内 容 提 要

本书以“高校语言文字传承与推广”为主题，系统性地论述了中国语言文字事业的现状，探讨了高校语言文字传承的意义和方法，探究了高校语言文字推广的性质、特点和任务，并阐述了当前高校语言文字推广过程中，中华优秀传统文化在对外汉语教学中的影响。

图书在版编目（CIP）数据

高校语言文字传承与推广研究 / 杜成金著.--北京：中国纺织出版社有限公司，2023.9

ISBN 978-7-5229-1006-2

Ⅰ.①高… Ⅱ.①杜… Ⅲ.①高等学校—汉语—语言学—研究—中国 Ⅳ.①H1

中国国家版本馆CIP数据核字（2023）第175698号

责任编辑：郝姗姗　　责任校对：王蕙莹　　责任印制：储志伟

中国纺织出版社有限公司出版发行
地址：北京市朝阳区百子湾东里A407号楼　邮政编码：100124
销售电话：010—67004422　传真：010—87155801
http://www.c-textilep.com
中国纺织出版社天猫旗舰店
官方微博 http://weibo.com/2119887771
鸿博睿特（天津）印刷科技有限公司印刷　各地新华书店经销
2023年9月第1版第1次印刷
开本：710 × 1000　1/16　印张：12
字数：150千字　定价：98.00元

前言

preface

语言是一个人行走世界的基础，是与世界连接的方式，从某种程度上说，语言学科也是所有学科的根基。中华文化包罗万象，博大精深。学好国家通用语言文字，才能立人，才能走向世界。这也正是国家一贯重视传统文化教育，重视语文教育的原因。

语言文字应用能力是人类生存和发展所必需的基本能力，是人的综合素质的组成部分和最直观的体现。学校是语言文字工作的基础阵地，是推广和普及国家通用语言文字，培养国民语言文字规范意识，增强国民文化自信的重点领域。使用和推广国家通用语言文字，是各级各类学校的法定义务，是学校依法办学的基本要求。学校师生应成为传承弘扬中华优秀传统文化和社会主义先进文化的重要力量。

中国是统一的多民族国家，多民族、多语言是中国的基本国情。语言文字作为文化传承和各民族交往、交流、交融的载体，具有重要的基础性作用。经过历史文化的长期发展，在中国统一的多民族国家内部逐渐形成了各民族共同使用的通用语言文字。长期以来，党和国家始终重视加强国家通用语言文字的推广普及工作。我国宪法和《中华人民共和国国家通用语言文字法》将普通话和规范汉字确定为国家通用语言文字。推广普及国家通用语言文字，是发展和巩固统一的多民族国家的政治认同和文化认同的内在要求，是维护政治安全、文化安全、意识形态安全的客观需要，是关系中华民族文化自觉、文化传承和永续发展的一件大事。

本书围绕“高校语言文字传承与推广”这一主题，以新时代语言文字事业发展新局面为切入点，由浅入深地阐述了中华优秀语言文化传承传播、高等院校语言类本科专业、高校语言文字规范化评估体系、高校语言文字规范化教育的研究，系统地论述了语言文字与汉语言教学，深入探究了基于高校语言文字传承的汉语言教学、基于高校语言文字推广的对外汉语言教学以及中华优秀传统文化教学，以期为读者理解与践行高校语言文字传承推广提供有价值的参考和借鉴。本书内容翔实、逻辑合理，适用于从事高校语言文字类教学和研究的专业人士。

作者在撰写本书的过程中，借鉴了诸位专家和学者的研究成果，在此表示衷心感谢。本书研究的课题涉及内容十分宽泛，尽管作者在写作过程中力求完美，但仍难免存在疏漏，恳请各位专家批评指正。

杜成金

目录

contents

第一章

中国语言文字事业综述

第一节　新时代语言文字事业发展新局面

一、深入学习贯彻全国语言文字工作会议精神

中华民族的伟大复兴是新时代中国人民共同的目标，是全人类文明发展的正确方向，需注重战略指导的提出与实施，顺应时代发展的趋势和规律，来对语言文字的社会价值和意义进行深度的挖掘和利用，为新时代背景下语言文字事业的改革创新与稳定发展奠定扎实的理论基础，指明前进的方向，提出精确的行动指南。我们应该随着时代的进步和发展提出相应的实践要求。此外，还应该从中华民族共同体意识的角度和高度出发，确保国家通用语言文字在全国范围内的广泛普及，避免不同民族群众之间仍旧存在明显的语言交际障碍问题，通过语言来实现心灵之间的互动和相通，为各民族人民之间的深入交往和密切交流创造良好的外部条件。

从服务国计民生的层面来讲，应该对我国目前的基本国情有准确的把握，了解真实的语情，结合经济社会的发展情况和发展方向，深入贯彻实施国家通用语言文字教育等一系列战略决策，早日实现全国范围内的脱贫攻坚，针对现有的民生民情进行优化和改善，在这一领域发挥关键的作用和功能，为社会主义现代化强国的建设与发展奠定基础，提供支持与保障。从文化自信的层面来讲，需要对各民族的语言文化资源进行深度的挖

掘和充分的利用，以此作为传承中华优秀语言文化的载体和媒介，为国家文化软实力的进一步提升营造良好的氛围。从人类命运共同体构建的层面来讲，需要重视国内与国外语言文化的交流和互动，通过语言文化的交互和合作，来加深中外之间的友情，为文明交流互鉴的实现打下坚实的基础，为世界的和平发展创建和谐的语言文化环境，具有重要的战略价值和社会意义。

二、准确把握新时代语言文字事业发展新形势和新任务

就目前而言，世界百年之大变局正处于关键阶段，中华民族的伟大复兴步入重要时期，这些都离不开语言文字事业改革与创新的支撑与辅助，只有重视语言文字事业的发展，才能创造新的机遇，才能构建新的格局。优秀传统文化是我国宝贵的财富，对中华民族共同体意识的形成与发展有着至关重要的影响，是维护国家和谐与安定的基础和前提。教育强国的建设与发展需要国家拥有更强的综合实力，同时也要求语言文字事业实现长效稳定的发展，否则会像鱼没有了水，无法再生存下去。小康社会的全面建成，脱贫攻坚目标的实现，乡村振兴战略的贯彻与实施，这些都对语言文字事业的健康发展提出严格的要求。语言文字事业的发展能够为上述目标的达成带来一定的助推作用。此外，人的全面发展也离不开语言文字事业的支撑。我们渴望过上美好的生活，而语言文字事业会给我们指明前进的方向。不仅如此，中华语言文化是非常宝贵的非物质遗产，有传承和传播的必要和需求，我们在向世界讲好中国故事的同时，也要利用语言文字来实现中外文化的交流和互动，为人类文明的延续和稳定发展提供新的思

路和方法。现如今，新的科技革命已然来临，人们的交际方式和语言学习习惯都在潜移默化中发生改变。我们需要在语言研究的基础上实现其与智能研究的相互结合，只有这样，才能在人工智能时代背景下加快语言文字事业的发展进程，避免语言文字事业的发展面临新的危机。随着新形势的构筑，时代发展对语言文字事业提出了新的要求，规划了新的任务。我们必须时刻围绕时代发展的主题为中心，根据形势来制订计划，采取行动，为语言文字事业的改革与创新发展提供动力和辅助。

三、奋力谱写新时代语言文字事业发展新篇章

党中央始终把习近平新时代中国特色社会主义思想当成新时代背景下的核心指导理论，通过对全国语言文字工作会议精神的传达与落实，突出“四个意识”以及“四个自信”对于国家建设和文明发展的重要性，为“两个维护”目标的达成奠定基础，给予新时代语言文字事业发展更多的关注和重视。在全国范围内大力推广国家通用语言文字，实现各个地区和领域的广泛普及，为语言文字事业普及质量的提升创造条件，为城乡与区域之间的协调发展做好充分的准备。不同级别的学校单位，应注重国家通用语言文字教育工作的开展与落实，尽快形成完善健全的助力脱贫长效机制体系，在传统宣传载体形式的基础上进行优化与创新，确保国家通用语言文字服务能够获得更强的供给能力，并在实践中得到充分的体现。

语言文字的规范化建设是推动语言文字事业发展的必经之路。基于信息技术的引入与推广，针对现有的语言文字规范标准体系进行升级和完善，为语言文字的科研与传播提供支持与保障，进一步加快跨部门、跨领

域语言文字事业的发展进程，借助自然语言来对一系列基础理论的内涵和价值展开深入的研究与探讨，提高我国语言文字的智能化水平，通过科研与创新来跻身世界前列，与国际语言文化接轨。随着人工智能时代的来临和发展，针对语言生活的监测与研究开始得到国家和社会的关注。通过一系列的监管与治理来确定适合时代发展趋势和特征的语言文字规范标准，在学习语言文字的过程中接受规范的引导和监管，并提供针对性的服务。从国际中文教育的层面来讲，应该重视与语言文字之间的关联和交互，通过深入的交流合作来建立长效的稳定关系。除此之外，还应该给予中文师资培训更多关注，针对现有的国际中文教育标准进行优化与完善，形成差异化的语言文化交流机制，以此来为构建规范化国际中文教育体系提供依据和参考。同时，还需要强调中文承载与传播信息能力的培养与提升，利用现有的资源创建影响力更大、覆盖范围更广的中文传播平台，让那些优秀的中文期刊能够在国际上产生较大的影响，帮助人类掌握丰富的知识信息，也为自身中文表达能力的培养与提升带来积极的影响。

最后，需要尽快构建完善规范的语言文字治理体系，进一步提高现代化的治理水平，针对现有的《中华人民共和国国家通用语言文字法》进行优化和健全，接受党的全面领导，体现政府的主导作用，在语言上做到统筹管理，得到各部门的支持与帮助，鼓励全社会积极参与其中，针对不同层次和级别的语言文字工作部门（国家语言文字工作委员会、国家汉语推广办公室等）需明确各自的管理职责。就目前制定的语言战略规划进行布局和设计，通过语言文字事业的健康发展来为党和国家的建设提供支持与保障，具有重要的社会价值和实践意义。

第二节　中华优秀语言文化传承与传播

2020年，教育部联合相关部门根据自身的职能和责任，针对多个研究领域展开深入的探究与实践，比如语言资源的开发与利用、中华经典文化的传承与发扬、中华思想文化术语的形成与发展、古文字的研究与探索、国际中文教育事业的建设与发展、中国话语的对外翻译与推广、世界中文学习平台的搭建与运营、国际华文教育的规划与实施、古籍的发行与出版以及地名文化遗产的科学保护和充分利用等。通过一系列的研究、探讨和思考，获得了丰富的研究成果，具有重要的科研和文化价值。

一、中华经典诵读工程

教育部联合国家语委等相关部门先后针对中华经典诵写讲等一系列活动进行统筹和监督，通过对中华经典优质学习资源的深度开发与充分利用，来突出经典诵读师资培训对于语言文化事业发展的重要意义，与港澳台及国际接轨，重视不同地区之间的语言文化交流和深度合作，确保中华经典诵读工程这一项目能够在世界范围内有效落实。

（一）广泛开展中华经典诵写讲活动

中央广播电视总台联合相关部门共同承办了《中国诗词大会》这一节目，全国范围内踊跃报名的人数超过40万，深受广大诗词文化爱好者的喜欢。该节目在春节期间一经播出，就得到超过3.95亿观众的青睐，各种媒体渠道或电视频道的总播放量突破7.48亿。观众能够在鉴赏古典诗词的过程中感受到心灵上的震撼，从而迸发出强大的力量，增强中华儿女的凝聚力。随着第六季工作计划的提出与实施，包含北京在内的12个省市先后展开参赛选手的推荐与选拔活动，积极配合节目的录制和拍摄。

联合相关部门开展一系列的比赛活动，比如以“诵读中国”为主题的诵读比赛，以“诗教中国”为主题的诗词大赛，以“笔墨中国”为主题的汉字书写比赛，以“印记中国”为主题的学生篆刻大赛等。这些都可以纳入第二届中华经典诵写讲大赛的比赛内容和项目。数据显示，入围复赛的语言文学作品数量再创新高，超过13万件。经过严格筛选和评鉴，先后颁发了5000多个奖项，吸引广大群众积极参与其中，为中华优秀传统文化的传承与发扬做出了一定的贡献，为国家通用语言文字的传播与应用创建了多个平台和载体，为中华民族共同体意识的形成与增强营造了有利的氛围和环境。

在河北、新疆等地区先后开展一系列的“送经典下基层”活动，由专家开发设计出智能化的诵读云课堂，教授名师的微课课程，以互访的形式进行讨论和交流，或是通过研学与观摩来传播中华民族的经典文化，能够以优质师资资源的开发与利用、文化作品的推广以及普通话的教学等措施，来为基层群众提供丰富多彩的文化服务。

依据世界读书日、端午节等具有代表性意义的节假日时间，来组织开展一系列的文化传播与普及活动，比如以“聚战疫力量 诵中国精神”为主题的抗疫活动，以“端午诵经典 推普助脱贫”为主题的民俗习惯普及活动，以“同讲普通话 携手进小康”为主题的普通话推广活动等。通过一些手段和措施来吸引更多的师生参与其中，以线上或线下相结合的形式，传承中国精神，为脱贫攻坚带来思想的力量和动力。

（二）建设中华经典优质学习资源

随着“中华经典资源库”等相关项目工程的开发与实施，工作人员经过长期的努力和付出终于完成中华经典诵写讲视频的拍摄与录制。视频总时长超过2000分钟，共分为66集。与中央广播电视总台共同负责第三期项目的开展，并建立拥有丰富资源的“中小学语文示范诵读库”，其中容纳超过百篇作品，通过标准的普通话对相关的语文教材课文进行有感情的朗读，确保统编教材能够在全国范围内推广使用，为国家通用语言文字的传播与应用搭建良好的环境，号召不同民族地区或农村地区的教师和学生们积极投入普通话的学习。与人民教育出版社、上海大学等相关单位进行合作，在南京特殊教育师范学院的指导和协助下完成《中华经典诗词分级诵读本》的编辑与发行，在《书法名家写经典》以及《中华经典读本》等学习资料的基础上进行优化和修订。和南开大学的叶嘉莹教授等建立教育合作关系，通过“中华诗教”教育资源库的建立与运维来为相关项目的研究与推广创造条件和环境。针对叶嘉莹先生在执教期间获得的教学成果进行梳理和总结，对中华古典诗词的内涵和价值进行深度的研究与探索，通过以上各种措施和方案来加快古典诗词教育事业的发展进程，具有重要的研究意义和教育价值。

二、中国语言资源保护工程

教育部联合国家语委等相关部门共同参与中国语言资源保护工程的开发与推进，针对不同时期获得的建设成果进行梳理，并在实践中发挥其作用和功能，为后续的二期项目工程建设打下良好的基础。

（一）一期建设成果开发应用

随着一期项目的开展，在实践中取得了标志性的成果，以“中国语言资源采录展示平台”为代表的线上语言文化交流平台正式试运行。该平台可实现语言资源信息的搜集、检索、存储和调用，基于先进的前沿技术手段，为语言资源的数字化建设与发展创造条件，实现语言信息资源的安全存储和高效管理，针对丰富的语言资源信息进行综合的整理与分析，并将最终的成果展示出来。此外，还能够利用录音、图像或文字等形式来还原语言资源的实态，给教师和学生以直观的视觉感受。

该平台的功能板块涉及两部分，一是面向专家的专家平台，二是面向大众的大众平台。就专家平台而言，可为学者提供现阶段丰富多元的语言资源数据信息，还能帮助教师和学生获得多个信息采集渠道，对数据信息的价值和特征进行全面且综合的分析。就大众平台而言，主要借助新一代的互联网“众包”技术来为社会大众提供丰富的语言资源，开发高效的在线交流互动功能。2019年，一期项目的建设工作如期完成，接受调查和采录的语言资源点共计1712个，覆盖范围广泛，涉及国内所有省份地区，有大约123个不同的语种，还有一些极具特色的地方方言；2020年，该平台中的汉语方言调查点数量大约有1284个，涉及的少数民族语言调查点共计329个。通过对这些调查点数据信息的采集、整理与归纳，将其存储在平台系统中，为社会各界提供开放的服务。与此同时，为加快研究与实践成果的应用进程，该平台先后开展包括《中国语言文化典藏》在内的一系列书籍的编写和出版活动，为口头文化语料的转写与传播带来积极的影响。

（二）二期建设策划启动

组织该领域的专家和学者们针对既定的二期建设规划内容和目标进行研究和讨论，确定工程二期的重点工作，主要涉及两个方面。一方面是“语言资源的汇聚加工”，另一方面是“语言资源的深度开发与充分应用”。随着对一期工程建设情况的调研与考察，相关的语料资源得到科学的整理与归纳，基于我国不同民族、地区的语言差异，提供针对性的语言文化抢救服务，为那些濒临消失的方言文化进行抢救性的挖掘和保护。

（三）完成中国语言资源保护奖评审和公示

2020年3月，教育部和国家语委通过研究与讨论正式下发《教育部 国家语委关于表彰“中国语言资源保护奖”先进集体和先进个人的决定》等一系列的决策性文件，其中针对全国范围内多家单位和个人授予先进集体或个人的称号。这一荣誉是对优秀语言文字工作者的表彰和嘉奖，也展现了国家和政府部门重视语言文字事业发展的决心和态度。

三、古文字与中华文明传承发展工程

全身心投入古文字研究活动中，在中央宣传部的授权与指导下贯彻实施“古文字与中华文明传承发展工程”等一系列规划方案，具有重要的现实意义和教育研究价值。

（一）贯彻落实习近平总书记贺信精神

教育部指出，要根据语言文字事业的发展趋势和方向，开发包含“甲骨文等古文字研究与应用”在内的专业专项课题，为中青年学者参与古文字历史文化研究的行为活动奠定扎实的基础，创造有利的外部环境和条件。2020年，已经完成出版和发行的专著数量超过10部，其中发表的学术性论文多达77篇，以《甲骨春秋》这部作品最为出众，在当年的河南省社科成果评比中摘得桂冠。从不同的维度和视角针对古文字学的人才和科研状况展开深入的研究和讨论，重新界定甲骨整理著录的标准和规范，参与一系列的专题调研项目。此外，还应该重视人才的培养与吸收，确保“强基计划”能够在实践中发挥预期的作用和效果，与全国范围内14所“双一流”高校展开密切深入的教育教学合作活动，针对古文字学专业开设一些规范化的试点招生项目，吸收或培养出大批优质的创新人才。最后，还要关注语言文化的传承与发扬，通过在全国各省份或地区的推广与应用，来开展极具特色的甲骨文教育活动。

（二）规划启动“古文字与中华文明传承发展工程”

与相关部委单位建立统筹协调的关系，注重顶层制度的设计，针对具体的措施和方案展开精心的谋划和实施。随着调研和考察的深入，教育部联合相关单位正式下发包含《“古文字与中华文明传承发展工程”总体规划》在内的一系列文件，得到党中央以及国务院的授权和审定。2019年11月，由中央宣传部牵头，教育部主持，联合国家语委、文化和旅游部等相关部门，共同针对古文字工程总体规划进行制定与部署，该工程的开发与应用被正式提上日程。该工程始终围绕中华优秀传统文化的传承与发扬为中心思想，就包含甲骨文、金文和简帛文字在内的多种古文字展开深入且全面的研究，了解这些古文字蕴含的意义和价值，为中华文明以及人类文明发展历史的研究提供宝贵的素材和资料，通过文化成果的创新与转化，来为时代的发展与进步提供服务。中央宣传部、教育部等八部门主持召开以古文字文化研究为主题的重要会议，并成立专项的古文研究专家委员会，负责该项目的落实与推进。

四、全球中文学习平台建设

随着新时代的到来，无论是人工智能技术还是大数据技术，抑或是云计算技术，这些新兴的先进技术在中文学习领域开始得到广泛的应用，也为中文的学习与发展带来了新的机遇和考验。站在教育部和国家语委等部门的立场来讲，应该把2019年10月上线的中文学习平台当成中文学习与传播的重要载体，通过一系列活动和项目的建设与推进来取得突破性的进展。2020年，该平台的正式注册用户数量已经超过213万，来源国家数量接近170个，覆盖全世界。该平台根据用户的年龄区间和能力范围设计了针对性的教学服务项目。无论是学前儿童还是中小学生，抑或是成年普通话学习者，又或者是来自国外的中文学习者，都能根据自身的实际情况享受差异化的教学与学习服务。该平台会结合用户的特点和属性来提供专项的学习工具，确保中文学习场景的广泛延伸和拓展。

（一）内容更加丰富，服务能力持续提升

随着手机移动端应用程序（App）的开发与推广，将这一技术引入中文学习领域中，必然能够取得突破性的进展。针对国际中文学习者来讲，可根据这部分用户群体的特征和规律来开发国际版的“译学中文App”。就当前而言，该软件可兼容多种语言，比如汉语、英语、日语和韩语等。此外，针对国内中小学生语言教学与学习的软件也被专家们开发出来，名为“知学中文App”和“幼学中文App”。根据普通话普及的要求以及脱贫攻坚的战略指导方针，在开发“国家通用语言文字学习”板块的过程中需要设计两个重要的功能，一个是“畅言普通话App”的功能，另一个是“语言扶贫App”的功能。除此之外，还会根据普通话推广与普及的要求和规范来开设专项的普通话专家直播课，吸引学生参与其中。针对港澳台地区的学习者，会根据这些地区学习者的特点和规律来开发极具特色的港澳台栏目，为这部分群体提供差异化的学习应用服务。

（二）注重统筹协调，平台力量不断壮大

尽快完善规范的全球中文学习联盟组织机构，集聚全联盟的力量，通过资源的共享以及成果的分配来构建标准化的、具有一定开放性的平台机制。资料显示，参与其中的首批发起单位数量是21家，后续还有更多的单位慕名而来。也就是说，技术承建单位应突出自身的竞争优势，在关键技

术研发与应用领域有重大的突破。例如，根据成年人、中小学生以及少数民族等多种用户群体类型来开发相应的语言教学与学习服务功能，比如针对口语的评测、声韵调的规范以及语音信息的快速检索等，在此基础上构建一体化的管理后台系统。2020年12月初，全球中文学习平台的总部在山东青岛落户，建设了现代化的教育培训基地中心，主要规划为四个区块：一是研发中心，二是资源中心，三是培训中心，四是推广中心。

（三）拓展传播渠道，平台推广成效明显

随着该平台的开发应用与推广，在国际上的中国文化交流中心得到广泛的使用，中国高教学会会根据外国留学生的特点和情况来对该项目进行宣传，增加不同的传播渠道，获得理想的推广成效。在手机移动端应用开发日益普及的今天，无论是国外还是国内的用户都能在免费的情况下下载该软件，注册登录成功以后就能享受专业的服务。此外，一些知名的权威媒体也对此事表达了高度的关注，以《人民日报》《光明日报》以及中新社等为代表的国内媒体先后对这一事件作出详细的报道。

五、国际中文教育

随着国际中文教育事业的健康发展，形势发展带来的需求变得日益复杂，不仅要准确识变还要科学应变，在改革与创新的过程中谋求长期的稳定发展。

（一）成立教育部中外语言交流合作中心

就目前而言，国际中文教育事业迎来新的发展契机，也呈现出不同的

发展需求和发展方向。教育部在2020年7月5日正式设立了相对独立的中外语言交流合作中心，负责为全世界学习中文的民众提供专业的教学和学习服务，有助于加深各国之间的语言交流合作，为世界多元文化的传承与发展创建了广阔的平台，提供了更多的机遇和发展空间。该中心的设立与运营，对国际中文教育事业的长效发展带来了积极的影响，是加快中外语言交流合作进程的有效措施之一，能够对现有的国际中文教育资源体系进行优化与升级，还能为国际中文教育标准和规范的制定与落实提供理论方面的指导。此外，该中心的设立为国际中文教师资源的开发与整合提供了新的机遇，有助于教材资源和学科建设工作的有序推进，还能针对中文语言文化的传承与发展进行深入的学术研究。随着该中心的设立，会定期开展专项的国际中文教师考试考核活动，针对外国人的中文水平进行综合的测试，从而得到客观真实的评估认定结果。该中心的设立，为“汉语桥”、新汉学以及奖学金等各种教育品牌项目的开发与推广提供了宽阔的平台和载体，从长远的角度来讲有助于国际中文教育品牌项目的宣传与普及。该中心设立以后，定期开展了一系列极具特色的中外语言交流合作活动，对于中文教育事业的协同发展有积极的意义。此外，“中国国际中文教育基金会”正式宣布全面负责孔子学院品牌开发的所有活动，通过高校与企业的战略合作形成具有一定公益属性的民间组织机构，为孔子学院在全世界范围内的开设与宣传做出了不可磨灭的贡献。

（二）纪念中华人民共和国开展国际中文教育70周年

在国内外知名专家和学者的共同努力下，《国际中文教育70周年纪念文集》已完成编写、发行与出版。在世界汉语教学学会的协助和支持下，以线上的形式举办超过10场的系列报告会，得到国内外用户的关注和重视，参与其中的人数达到2000余人，覆盖33个不同的国家和地区。

（三）开展线上国际中文教育

国内外的学校以及教育机构会借助先进的技术和手段来开发不同的教育模式，搭建多元的教育培训平台，为国际中文教育事业的长效稳定发展创造有利的外部条件，基于线上与线下的相互结合来适应新时代的发展趋势和规律。希腊的爱琴大学首先尝试了“网络中文课堂”的开发与实施，以班级制的模式对学生进行远程直播和群组辅导，聘请了行业内经验丰富、能力过硬的一些教师，为学生提供专业的远程教学服务，得到学习者们的一致好评。随着“中文联盟”等一系列云服务教学平台的开发与推广，全球范围内的学习者都能在免费的情况下获得优质的在线课程教学服务，参与其中的国际中文学习者数量超过200万。在“中文联盟”等平台不断推广和普及的背景下，世界范围的不同国家和地区都先后设立规范的中文教育机构体系，积极参与专业的在线中文教学活动，帮助他们提高自身的中文水平。

（四）加强国际中文师资队伍和教学资源建设

无论是远程教学模式还是线下教学模式，都能帮助国际教育机构进一步深度落实国际中文教育项目，有效解决师资方面面临的问题。2020年，世界范围内在岗的国际中文教师志愿者数量再创新高，达到了惊人的4200人，参与在线培训服务活动工作的中外教师志愿者数量接近5500人次，其中获得博士学位的志愿者大约有80人，还有一些来自不同国家和地区的教育奖学金获得学生，人数基本控制在4400名左右。通过汉语考试系列精品在线课程的开发与推广，来为HSK（汉语水平考试）1~3级慕课的应用提供环境方面的支持与辅助，根据实际的教学和学习情况开设YCT（中小学生汉语考试）、BCT（商务汉语考试）以及HSK4级慕课等不同等级和资质的考核活动，并在这个过程中向国际中文教育机构提供免费的教材，共计大约有14.2万册。最后，在现有《国际中文教育中文水平等级标准》的基础上进行优化，针对目前应用的《国际汉语教师标准》进行修订，在实践中不断完善，持续升级。

（五）开展国际中文教育学科建设和科学研究

重视汉语国际教育专业硕士点的开设与推进，与3所高校建立长期稳定的教育教学合作关系，针对专业的学位授权点进行综合的评估和考察。根据汉语国际教育博士专业的学位培养情况定期召开主题丰富的研讨会，寻求适合学科建设的方案，找到适合人才培养特点和规律的新渠道。为科学研究提供充足的资金和资源，借鉴2020年提出并应用的国际中文教育课题指南文件，为百余项的课题研究项目提供资助服务。世界汉语教学学会也会根据实际情况和发展目标来制订“全球中文教育主题学术活动资助计划”，为大约51项学术项目提供资助服务。针对柬埔寨、德国当地的2所高校提供资助服务，主要用于中文院系专业的学生教育，资助的经典书籍有《楚辞》（翻译为荷兰语）、《大学》（翻译为西班牙语）以及《中庸》（翻译为西班牙语）等，在当地翻译以后出版发行。

（六）深化中外语言和文化交流合作

2020年12月14~20日，中外语言交流合作中心围绕“新项目、新伙伴、新发展”等各种不同的主题，主持召开一系列的国际中文教育交流互动活动，结合线上与线下形式，为中文学习者提供个性化的语言教学服务，包含的议题多达60多项。随着“联合国中文日”的确定与推广，以线上形式展开的“国际中文日”活动得到国外中文学习者的青睐和喜欢，参与其中的人数超过120万，覆盖全球170多个国家。

六、国际华文教育

一直以来，中央都把华文教育当成主要的战略任务，将其视为维系国际侨胞关系的有效措施和方法，凭借这一得天独厚的优势来加快国际华文教育的标准化进程，通过信息资源的整合与利用，推动中华文化在国际上的传播与普及。

（一）加强统筹规划

一方面，为全面、系统、及时、准确地把握国际中文教育动态发展情况，我们已经启动国际中文教育综合数据一体化管理平台建设，目前共设置指标体系六级近700个指标，以进一步发挥数据作为生产要素的重要作用，提升数据治理能力，为国际中文教育教学科研更好服务。另一方面，我们加强制度建设，发布了《国际中文在线教育行动计划（2021—2025年）》《国际中文教育数字资源建设指南》等政策文件，为2025年基本实现国际中文教育数字化、智能化、泛在化的发展目标，构建“教学、考试、研究”一体化的支撑服务体系提供了明确路径。

（二）推进国际帮扶

切实满足国际侨胞的差异化需求，通过国际华文教育工作的开展为其提供实质性的帮助。可组织安排相关人员前往当地提供资助和救助服务，确保国际华文学校能够在困境中维系自身的运营和发展。

（三）完善教材体系

注重教材体系的建设与应用，突出教材在国际教材市场中的重要性和规范性。就现有的国际华文教材进行科学的修订，修订的对象包括《中文》和《华文》等。针对国际华文教材的建设情况有深入了解，突出本土化的特色和属性，就《中文》（澳大利亚高中版）、《菲律宾华语课本》等教材的出版和发行给予更多的关注和重视，进一步扩大教材的覆盖范围。

（四）开展线上华文教育

相关部门需要通过中国华文教育基金会、中国华文教育网等相关主体的协调和互助，来加大线上华文教育的宣传和实施力度，无论是对象还是内容都要尽快实现全面覆盖，真正做到“停课不停学”。

（五）研制实施华文水平测试

针对国际华裔青少年的华文水平进行考核与测试，设计出科学合理的测试样卷，为国际华文教育的规范化发展提供助力。如今，项目测试工作已如期进行，覆盖的国家超过14个，大约有47个专业化的考点。

（六）加强华文教育专业人才培养

基于不同的方式开展一系列的教育教学培训活动，为国际华文教师专业能力和水平的提升带来积极的影响。与华文教育基地院校建立合作关系，定期组织开展规范化的网络培训班，接收的教师人数超过3000名，覆盖全世界40多个国家。与暨南大学、华侨大学等建立教育合作关系，吸引一些优秀的华裔高中生来校就读本科专业，补充人才资源。

第三节　高校语言文字规范化评估体系

为了更好地推广普通话，规范语言使用，教育机构和政府都积极落实语言规范管理，高校语言文字规范发展是顺应时代发展的重要产物，借助人为方式来规范语言文字，借助人为管理的方式来促成其有序稳定发展。在社会快速发展背景下，高校迅速发展，大学生整体规模得到显著增加，高校为了更好地实现立德树人的人才培养目标，严格遵循法律法规的要求，不断完善监督机制，主动配合教育部门和政府开展语言文字专项整治工作，并且取得了一些成果。语言文字整治管理与高校人才培养的关系日益密切，促进城市语言文字规范化发展，可以大大提高社会语言文字规范化水平，对于传承中华民族文化以及建设人类文明都有重要意义。

根据已有的研究结论，语言规划和政策研究实际上是一种人为管理行为，主要借助政府机构来规范语言的使用，使之朝着规范化的方向发展。通过语言评估测试可以发现语言应用过程中存在的问题，及时采取措施来应对解决，对于高校语言文字规范化发展起到很好的促进作用。

一、部分高校语言文字规范化评估体系存在的问题

当前，关于语言文字规范化评估建设标准的基本框架大致确立，针对

不同省市地区发展的情况，来设定差异化的语言规范评估标准，促进评估指导框架的构建。在具体执行过程中，对具体使用到的评估办法进行细化管理。但是受到一些因素的影响，标准建设进度受到影响，存在一些问题没有得到妥善解决。比如，评估主体单一，导致评估结果覆盖的内容比较片面，无法覆盖所有的内容；权力结构失衡，无法达到理想的平衡状态；组织框架设置不合理，无法形成强大的组织凝聚力。评估工作有利有弊，需要合理使用来为高校建设服务，需要对此引起重视，使教学工作和评估工作相互协同，达到良好的发展效果。

在制定和研究评估指标的过程中，主要存在的问题体现在以下几点：

（1）从评估体系的效度角度分析，评估材料选择上有一定的难度，尤其是在判断评估材料是否合理有效的过程中，需要筛选不同的评价指标，来掌握高校语言文字规范化发展的实际情况，而这些评价指标需要投入大量的时间与精力来筛选，如果选择不合理，会影响到最终的评估结果。通常情况下，高校采用的评估细则与所选择的语言文字素材有很大的关联，选择的材料需要达到科学有效的标准和要求，以此来让整个评估体系有效，满足使用需求。在这一过程中，素材的选择很关键。

（2）高校语言文字规范化发展目标不是一蹴而就，需要投入大量的时间和精力来落实的。从侧重内容上来看，应该重视语言政策的落实，积极发挥其存在的引导作用，在设计评估细则的过程中，需要提供能够支撑的可靠素材，但是在取样过程中，尚未形成科学高效的取样方法，给评估设计人员带来了较大的难度。评估者通常是语言文字领域取得一定成果的人才，拥有一定的经验，对语言文字规范化材料的选择与使用会提出不同的意见，尺度把控会存在差异。评估者自身原因产生的影响无法避免，可能会影响到最终的判断结果。

（3）评估者自身所带的变量会对评估结果产生影响，评估活动会受到这些变量的影响，需要对这些不稳定性因素进行控制，否则最终的评估结果将会受到很大的影响。从可行性角度展开分析，评估活动的开展需要大量的资金和人员支撑，耗费大量的时间和精力来落实，如果成本过高，意味着可执行的可能性就会降低。举例说明，语言文字规范化发展评估会现场进行成果交流，专家也会点评，并决定是否推广语言使用标准，这会给评估标准设计人员带来较大的压力，最终的评估标准也会受到影响。

二、高校语言文字规范化评估体系改革和完善的思路

从语言文字规范化评估的层面来讲，一般表现出强烈的目的性和真实性，涉及的内容和范围相对宽泛，可获得良好的评估效果。在开展高校语言文字工作的过程中，须参考规范的评估指标，及时找出问题所在，在实践中不断完善，确保高校语言文字的规范化建设与发展。

三、高校语言文字规范化评估体系的理想构建

（一）政府评估——宏观性评估

政府扮演的是掌舵的角色，需要把应该做的事情做到最好，适当分配权力，确保社会组织及高校等主体可以参与其中。高校语言文字规范化评估体系的构建需要发挥政府的作用和功能，通过对控制模式的调整来形成一体化的多边共治体系。

（二）社会评估——多样化评估

多元社会评估主体的形式各不相同，可以是行业协会，可以是用人单位，也可以是新闻媒体等。语言文字规范化的评估涉及各个领域和行业，可邀请各行各业的专家或学者参与其中，这种方式对于社会语言文字规范化水平的显著提升有着重要的意义，有利于高校优秀社会人才的培养与输送。

（三）高校评估——全程式评估

高等学校自身存在一定评估功能，是语言文字规范化评估的重要组成部分。高校在落实语言文字规范化评估工作的过程中，需从学术性和主体性的层面出发，确保语言文字事业的发展与国家建设和社会发展保持一致。

从高校语言文字规范化评估的本质上来讲，可描述为一个结构复杂、内容多元的动态系统，基于社会与政府等主体的参与，来构建规范化的评估体系，为语言文字的规范化使用目标的达成奠定基础，既能发挥自我检查的作用，还能体现自我调节的功能。不同高校在结构层次和定位方面存在明显的差别，因此需要根据学校的办学宗旨和人才培养目标来对规范化评估的指标体系进行调整。

随着高等教育的大众化发展，教育对社会语言文字的规范化提出了新的要求和标准。涉及高校语言文字规范化评估体系的研究处于初级阶段，可供参考和借鉴的理论成果相对缺失，这里笔者会从指标体系设计的原则和方法出发展开论述，提出科学有效的评估办法。

高校管理者需要关注语言文字的规范化建设，尽快完善科学的评估体系，分解相应的评估指标，通过实践来检验理论的可行性和可靠性，为高校语言文字事业的发展提供参考。

第四节　高校语言文字规范化教育的研究

语言文字在人类社会发展中扮演关键角色，是社会稳定发展的基础和前提，对国家富强以及民族团结有着至关重要的影响，也会对国际的文化和语言交流产生决定性的作用。随着中华人民共和国的成立，语言文字事业的发展得到国家和社会的关注。针对高校来讲，可描述为国家语言文字规范化教育的核心平台，须明确语言文字工作对于文化教育和传播的重要意义，肩负重任。

结合相关研究结论进行综述与分析发现，高校语言文字规范化教育一直以来都被当成全国语言文字事业建设与发展的核心任务。基于发展史的层面来讲，主要包含两个阶段：一是共同发展阶段，二是独立发展阶段。基于研究成果的层面来讲，集中表现出多样性发展不平衡的趋势和特征。根据相关研究结论和实践成果可知，高校语言文字的规范化教育对于语言文字事业的健康发展意义重大。

一、高校语言文字规范化教育发展阶段

中华人民共和国成立初期，国家语言文字工作的核心内容和目标表现出明显的时代特征。国内的高校在那个时期主要负责语言文字工作策略的落

实，高校和其他社会团体对于语言文字的使用规范不存在特殊的区别。

1986年，全国语言文字工作会议在教育部门的主持下顺利召开，针对教育领域的语音规范化工作任务和目的进行确定，关于高校语言文字的规范化教育发展速度相对缓慢。

自20世纪80年代起，高校语言文字规范化教育与研究迎来新的契机和发展阶段。此时的教育体制趋于完善，为语言文字的规范化教育工作开展奠定了扎实的基础。此外，汉语在世界范围内的影响力得到显著提升，为高校语言文字规范化教育的建设与发展带来了源源不断的动力支持。

中国高校语言文字规范化教育的特点可总结为三个方面：起步相对较晚，发展速度缓慢，动力十足。中国高校语言文字的规范化教育发展主要包括两个阶段：一是共同发展阶段，二是独立发展阶段。

（一）共同发展期（1949~1985年）

1951年6月6日，《人民日报》刊登了吕叔湘、朱德熙等编辑发表的《语法修辞讲话》。吕叔湘表示，语言文字的规范化对于文化的传承与发展至关重要，自己编辑语言文字规范的目的是让更多学习写文章的人可以了解正确的格式，对语音、语用以及语法等有明确的认知和了解，才能做到规范化使用。1951年11月，中央教育部就国内工学院院系结构和层级进行调整，该项任务在1953年正式完结。院系调整并未对高校的语言文字规范化教育产生积极的作用，相关工作仍旧没有在实践中落实。

在那个时期，教育部门的工作重心放在《汉语拼音方案》制定与实施上，尚未界定规范化的语言文字标准。1955年10月，现代汉民族共同语的规范化工作正式提上日程，针对汉语的语音、词汇以及语法等界定统一的标准。早期的高校发展过于关注单一性，培养人才的目的是解决国家经济建设的人才短缺问题。随着时代的发展，国家语言文字工作的目标和目的开始发生转变。1982年，《中华人民共和国宪法》对普通话在全国范围内的学习和使用作出明确的规定，要求中华人民共和国的公民都应该学习和使用普通话。

在共同发展阶段，国家语言政策得到不断的完善和健全。周庆生强调，自中华人民共和国成立起至今，关乎语言的政策可总结为四个阶段，其中第一阶段是形成阶段，时间为1949~1986年。中华人民共和国成立初期，文字改革与语言规范工作在全国范围内如火如荼地展开，围绕汉字简化、普通话普及以及《汉语拼音方案》制定与实施三个方面进行深度的贯彻与实施，为国家语言文字政策的规范和专业化发展奠定扎实的基础。国家语言文字规范化教育的发展需要有一个较长时间的准备期，为后续工作的开展做好铺垫，是教育政策和规定在实践中的尝试和检验。

（二）独立发展期（1986年至今）

1. 师范类高校语言文字规范化教育时期

1986年，全国语言文字工作会议重点强调：国内的学校在未来需要使用普通话来开展教学工作，将普通话视为主要的教学语言。

在贯彻会议精神的同时，学校在语言文字规范化教育工作开展方面的地位得到显著的提升。1991年，国家语委明确指出，高校语言文字规范化教育是现代教育发展的必经之路，必须围绕“学为人师，行为世范”这一思想方针来开展教育工作。随着《全方位入手，提高学校语言文字品位》的颁布与实施，山西太谷师范学校响应上级号召，在1992年把校庆日的所在周设置为推普节。1994年，《关于印发〈师范院校普及普通话工作评估指导标准〉的通知》的下发与落实，要求师范院校必须按照该标准来推进语言文字规范化教育进程，并制定详细的准则。

2. 高校语言文字规范化教育全面开展期

1994年，国家语言文字工作委员会正式下发修订之后的《普通话水平测试等级标准》，指明了高校语音规范化教育的发展方向，界定了规范化的标准。次年，《关于加强高等院校语言文字规范化工作的几点意见》等政策性文件正式实施，为高校语言文字规范化教育的长效发展提供了参考依据。由此刻开始，高校语言文字规范化教育工作在全国范围内浩浩荡荡地开展。

1997年5月26日，教育部门在成都召开了全国高等院校语言文字工作会议，邀请全国27个省市地区的代表参加会议，针对不同时期的全国高校语言文字规范化教育工作开展情况展开全面的综述与总结，提出针对性的改善方案，主要涉及四点：增强认知能力，突出领导力；注重宣传和推广，创造良好的氛围；完善制度，落实方案；树立典型，循序渐进。就目前而言，高校语言文字规范化教育的建设与发展还存在一些问题和弊端。

总的来说，国内高校语言文字规范化教育发展相对缓慢。发展初期，国内高校语言文字规范化教育有过一段长达12年的筹划期，在实践中不断摸索，可供参考和借鉴的模式几乎没有。1998年，关于“全国普通话宣传周”的决议正式通过。2001年，《中华人民共和国国家通用语言文字法》正式实施。2003年，教育部下发了《关于开展普通话水平测试工作的决定》这一决策性文件，为高校语言文字规范化教育的发展创造了新的环境。

（三）独立发展时期高校语言文字规范化教育取得成果

从独立发展阶段来讲，获得的工作成果是显而易见的，主要涉及四个方面，如下所示。

第一，“省—市—区、校—院—室”的结构体系初步构建。领导对于语言文字教育工作的开展至关重要，而认识则是该项工作有序进行的前提和基础。不同部门和单位的领导负责语言文字工作的开展，是学校所有工作的重心。《全方位入手，提高学校语言文字品位》指出，只有领导关注，才能构建一体化的校语言文字工作委员会组织体系，通过设立办公室和语委主任来突出语言文字教育对于学校长远发展的重要意义和价值。

第二，注重宣传，营造浓厚的环境氛围。高校的宣传工作包含三点：首先，向全校师生介绍推普周的相关事项。结合相关研究成果进行综述与分析发现，当前阶段的高校推普周宣传活动正如火如荼地展开，无论是专题讲座还是演讲比赛，抑或是诗歌朗诵，这些都有助于学生对普通话的深入了解与正确使用。其次，定期开展丰富多彩的社团活动。《大学生语言文字应用状况的调查与分析》明确指出，社团活动的开展可以加大语言文字规范化宣传的力度和影响力。最后，充分利用各种媒体和宣传栏等工具。部分高校会利用广播电台和媒体平台等，来营造浓厚和谐的语言文字规范化氛围。高校语言文字规范化教育工作的开展，应从长远的角度出发作出合理的布局和规划，围绕自身的办学特色和人才培养目标，转变传统的教育观念，与时俱进。

第三，将其归入学校管理体制中，要求师生统一使用规范的语言文字。在教育部门召开的一些重要会议上，专家们针对语言文字的规范化教育提出了新的要求，将语言文字规范化教育当成教师资格评定、能力考核和薪资待遇调整的参考依据，以此为基础建立科学完善的综合测评指标体系，形成规范化的语言文字使用监督检查制度。如今，大部分院校都对教师的资质评估、人才聘用和职称评定等工作给予落实和监督，不过涉及学生方面的要求有所缺失。

第四，在现代教育快速发展的今天，专家和学者们针对高校语言文字规范化教育这一课题展开深入的研究与探讨，获得丰富的学术研究成果。在中国知网中检索“高校语言文字规范化”以后可获得与之相关的学术论文，大约有29篇。

2000年之前，涉及高校语言文字规范化教育的研究相对匮乏，可供参考的研究成果只有1篇。2000年以后，该领域的研究成果数量逐步增加，迄今为止已有642篇论文涉及高校语言文字教育（截至2023年7月6日），为后续高校语言文字规范化教育工作的研究与开展提供了丰富的素材和资料。总的来讲，进入新时代以后，专家和学者们对高校语言文字规范化教育的研究更加深入，获得的研究成果非常丰富，为该领域的兴起与发展提供了助力，创造了更大的发展空间和机会。

二、在研究中逐渐细化，发展不平衡具有多样性

在中国知网中以“高校语言文字规范化”作为关键词进行检索以后发现，与我国高校语言文字规范化教育相关的研究起步较晚，最早仅可追溯到20世纪90年代，其特征和规律如下所示。

（一）地域和方言区研究的不平衡

关于高校语言文字规范化教育的研究内容和方向，可从两个方面来论述，一是地域，二是方言区。2000年以前，该领域的研究有一定的动态性和发展分散性，且北方方言区的研究成果要比其他区域更加丰富；2000年以后，这一现象刚好反转。

2000年之前，《全国高等院校语言文字工作汇报会纪要》为高校语言文字规范化教育的发展指明了方向，确定了目标，找准了窥点。高校在政府的指导下设立校语委，在各地寻找适合的试点学校，在语言文字工作方面接受专项的考察与评估。

对部分表现良好的省市提出表扬，比如天津、辽宁和黑龙江等。从地理位置的角度来讲，在不考虑江苏和安徽的情况下，大多数省份都划在北方，划在南方的省份相对较少。从方言区的层面来讲，划在北方方言区的省份有9.5个，划在南方方言区的省份有1.5个。二者之间的差距过于明显，相比之下北方比南方更具优势。

新时代来临以后，这一情况有所转变，与2000年之前刚好相反。

2000年是我国高校语言文字规范化教育发展的分水岭，且存在一定的动态性和分散性特征。与北方相比，南方的高校非常重视对语言文字规范化教育的研究与探索；与南方相比，北方方言区在研究语言文字规范化教育方面具有优势。

（二）高等学校间研究的不平衡

结合现阶段的研究成果进行综述发现，与本科类高校相比，水平和实力更强的高等院校在研究语言文字规范化教育方面具有明显的优势，对语言文字规范化的教育发展有着更高的关注度。

高等院校对于高校语言文字规范化教育的研究更加深刻，在研究成果和实践经验方面具有一定的优势。本科院校涉及的研究层面比较狭窄，研究深度较浅。除此之外，一些其他类型的高校也会针对这一课题展开研究，比如理工类的高校以及应用型高校。

师范类高校一直以来都非常重视对语言文字规范化教育的研究和探索，其目的在于培养更多优秀的人才，为我国高校语言文字规范化教育事业的建设与发展树立行业的标杆和模范。1995~1997年，教育部先后下发包括《全国高等院校语言文字工作汇报会纪要》在内的一系列文件，肯定了师范类高校在规范化教育工作开展与研究中做出的贡献，为非师范类高校的语言文字规范化教育研究与发展提供了宝贵的建议和意见。

（三）专业间研究的不平衡

结合相关研究成果发现，专业间研究的不平衡现象在该领域普遍存在。国内高校针对语言文字规范化教育的研究并未达成统一，受专业差异的影响，最终的研究成果表现出一定的不平衡现象。与之相关的专业学科比较复杂，比如新闻学专业、师范类专业和医学类专业等。

相比之下，研究成果数量较多的专业为师范类专业。从新闻类和公安类专业的层面来讲，更加关注语言文字的表达与使用；就艺术类或体育类专业而言，学生很难在文化课成绩方面取得优势，自身的语言文字规范化应用能力与其他专业相比处于劣势，这点在今后的研究与实践中需引起专家们的关注。

（四）其他方面的不平衡

从这一研究领域来讲，语言和文字两部分获得的研究成果同样存在不平衡的问题。导致这一现象的根本原因是研究的稳定性。同时，研究中也体现出口语和书面语研究不平衡的现象，需得到密切的关注。

涉及文字规范化的研究成果有两个，一是《关于高校规范用字的状况与对策》，二是《大学生论文中语言文字不规范现象综合考察》。结合所有的学术研究成果进行对比发现，涉及文字规范化教育研究的专题相对较少，大多数情况下只是稍有提及。在网络自媒体逐渐兴起和发展兴盛的今天，网络新兴文字领域开始出现大量的不规范问题，亟须引起教育部门和高校学者的重视。

从语言内部规范化研究的层面来讲，同样存在不平衡的现象。可通过课程的优化、学生的监督与管制、评估体系的构建以及日常宣传等一系列措施，来加快语言文字规范化教育工作的开展进程，可供参考和借鉴的标准和规范比较丰富，比如《大学生语言文字的应用现状及对策研究》和《论高校语言文字工作》等。无论是辩论赛还是演讲比赛，抑或是诗歌朗读，这些活动的开展对“语音”的规范有着严格的要求和标准。此外，与语言训练相关的比赛或活动，也应该按照“语音”的规范来进行。

随着网络信息化时代的到来，当代大学生的书写功力显得有些不尽如人意。同时，各种复杂的网络词、强势方言等也对大学生的规范化用词造成强烈的冲击，使其承受更大的挑战和考验。由此可见，研究词汇、语法等的规范化使用，对于高校语言文字规范化教育的健康发展意义重大。

中国高等学校自始至终都非常重视语言文字规范化教育的研究与发

展。围绕国家语言文字工作的指导思想和理论宗旨为中心，为国家的建设与社会的发展培养一批批优秀的人才，是影响国民语言文字规范化水平的关键一环。回首过往历程，高校语言文字规范化教育的研究与发展历经多个不同的阶段，随着时间的推移，目前基本趋于成熟和完善，展现出可喜的发展前景。专家和学者们须给予高校语言文字规范化教育的研究与发展更多的关注和重视，由宏观性研究朝着微观性研究的方向过渡。

第二章

语言文字与汉语教学

第一节　语言文字规范化与“现代汉语”教学

中国文化底蕴深厚，类型多样，其中，文化的根基是语言文字。同时，语言文字也是艺术形式不可分割的一个构成部分，汉语更是中国各族人民宝贵的精神财富。随着社会的快速发展，互联网的蓬勃兴起，外来文化的不断冲击以及网络用语的渗透，汉语的发展承受着巨大的压力。民众应用文字的机会在不断减少，由此导致词义规范化、文字书写不断变差。倘若一直没有改进，那么，不仅会对中华优秀传统文化的继承与发展造成不利影响，还会影响到社会的安定、国人的团结。在这种情况下，本节研究了语言文字规范化的重要性，基于此，分析现阶段汉语的语言文字规范化面临的挑战，制订可行性强的路径，以期为汉语的发展带来可靠依据，让中华民族的优秀传统文化能够与时俱进，在当代社会中持续焕发光彩。

一、语言文字规范化的必要性

（一）有利于保持文化独立性

社会发展的速度不断提升，各个国家之间的互动频率更高了，各种文化也发生了激烈碰撞与融合，这让人们的思想出现了显著变化，这时最关键的就是强调文化的独立性。在人类社会的不断发展中，语言文字是特定的描述文化的符号，其促进了文化的传播与交流，此外还是人们了解文化的有力工具。从文化发展层面来看，语言文字体现了文明的发展情况，是重要的媒介，还能反映出国家文化的发展历程，其全面展现了传统文化的内涵。如果缺乏语言文字这一关键媒介，那么在与其他国家进行沟通时，就丧失了自身优势，还会逐步削弱自身实力，由此引发的文化冲击是无法估测的。

（二）有利于提升交际效果

在经济全球化的背景下，各个国家之间的往来更加频繁，在国与国的交流中，语言文字是不可或缺的工具。在语言文字的助力下，人们可以知晓某国的文化，与其进行交流时便于传递相关信息。若人们应用语言文字时不规范，那么，可能会对交流的效果产生负面影响，还会影响到信息传输的准确性。因此，为了确保应用语言文字时顺畅，减少交流中的偏差与错误，显著增强交流能力，需要正确、规范应用语言文字，积极宣传规范用字的重要作用，及时改正不正确的用语方式，防止因为乱用而引起对方误解，导致交流效果大打折扣。

（三）有利于增强民族凝聚力，维护社会安定

汉语在我国交际用语中具有重要地位，各个民族之间的沟通交流主要应用汉语和汉字。若应用不够规范，那么，可能会产生歧义，导致语言表达错误，让对方误解，从而产生不必要的矛盾，甚至还可能促生恶性事

件，这不利于国家的稳定、社会的发展。因此，对于中国这样一个多民族的大家庭而言，规范应用语言文字，可以显著提升国家的凝聚力，为社会的安定、团结打下良好基础。

二、语言文字规范化对现代汉语教学改革的要求

现代汉语课程的轴心是语言文字规范，讲解现代汉字，传授现代汉语语音、语法和词汇等知识，提升学生应用语言文字的能力。原本，现代汉语课程应在规范语言文字工作中发挥关键作用，但是许多教师与学生指出，现代汉语没有得到应有的重视。学生也不喜欢，他们没有学习现代汉语的积极性。这不仅与教材内容编写紧密关联，还有讲解层面的原因。教材内容包括语音、语法、修辞与词汇，一些基础知识学生在接受九年义务教育时已经学过了。编排体例与中学相差无几，首先下定义，讲解一些概念问题，然后举例。大部分教材举的例子很老旧，引用的20世纪80年代以后的例子很少，理论上前沿性的内容也少之又少。比如，语法主要是传统语法，修辞格主要有借代、比喻、排比等。学生普遍反映是在炒夹生饭，完全没有“现代”的气息。一些教师也指出，语法分析需将语义特征、变换与语义指向等内容添加进去，纳入话语分析中的前提、语境与言外之意等知识，增加句法结构的灵活性、歧义分析等内容。修辞需纳入现代修辞学最新理论、相声修辞等相关知识。

在语言文字规范的理论指导上，现代汉语教科书也存在不少缺陷。现在依旧是规定要做什么，却未解释这样做的原因。20世纪90年代逐步发展的语言规范理念分析，研究了大量领域，并提出了一系列规范策略。比

如，规范的方式并非追认与界定，而是估测；规范的地位是服务；规范的服务面与对象既包括本族人，也包括世界上其他汉语学习者与计算机网络；规范的层面包括语用层面、结构层面；规范还包括较靠近不规范与接近于规范等层次。大部分教材都没有详细阐述规范的相关理论。

由此可见，在讲现代汉语课程的过程中，需适当增删相关内容。添加前沿性、理论性的内容，充分描述现代汉语的特征，明确其规范。将陈旧的例子删除，增加体现新时代人们生活的语言现象，让大家认识到现代汉语的活力，感受到其就在我们周围。从教学方式来看，需详细讲解理论知识，并引导学生参与其中，显著增强其语言应用能力。

（1）语音。鼓励学生根据方言语音特点，知晓普通话的语音特征，明确难点音，比如zh、ch、sh、r、n与z、c、s、l、ng等。通过普通话水平测试，激发学生学习普通话语音知识的兴趣。此外，引导学生到校外推广普通话相关法规，让人们了解说普通话的重要性。可以与电视台等媒体联系，学习播音技巧。灵活运用各种方式，将理论和实践相联系，可以获得满意的教学效果。

（2）汉字。讲解汉字的结构特征与演变规律，以现代汉语的不规范和规范方面为主。了解不规范用字的典型状况、成因，纠正不规范用字的主要方式与策略等。有针对性地组织学生调研分析规范用字的状况，比如校园用字现状、家庭所在地区的用字现状、学校所在街道的用字状况等。这样不仅可以激发学生的学习兴趣，还能对其社会调查能力进行培养，提升学生的科研积极性，有利于锻炼其多个层面的能力。

（3）语法、词汇、修辞。阐述中外语言规范的相关理论知识，与这些年出现的新词、新义相结合，比如街头流行语、港台流行语、书刊和网络流行语等。让学生分析哪些是生造词，哪些是新词，估测哪些新词会被纳入普通话词汇，哪些词缺乏活力可能会慢慢消失。与文艺作品中新颖的表达方式有机融合，研究语句不规范和创新的界限。什么是提升语言应用效果的修辞现象？什么是故作高深、不利于正确表达的语言现象？可以结合新词格进行阐述。在文学创作与文学作品鉴赏中合理应用修辞知识、词汇和语法知识。

在讲授现代汉语相关内容时，鼓励学生了解理论知识，并主动参与语言文字规范的相关实践活动，如此才能充分调动学生学习的积极性与主动性，全面发挥现代汉语的功能，体现其重要价值。

第二节　汉语教学培养学生语言文字应用能力

通过汉语教学培养学生应用语言文字的能力，可以从以下几个层面展开：

一、强化意识，奠定语言文字应用能力培养基础

在当前实施素质教育的基础上，进一步强化培养学生的语言文字应用能力，这是一条必经之路。在这种形势下，高等院校须及时转变育人理念，知晓当前社会需要的优秀人才既要有良好的专业技能，又要有优秀的语言文字素养，只有具备显著的竞争优势，才能快速适应社会的发展。在此育人理念的引导下，高等院校须知晓语言文字能力的关键作用，并与育人体系相结合，提供有效的课时保障。同时，将其当作一个重要的教学目标进行贯彻落实，充分提升语言文字应用的教学质量，为学生语言文字应用能力的提升夯筑良好基石。

作为课堂主体的学生，须有应用语言文字的意识，关注语言文字应用的价值，通过不断地学习逐步增强应用语言文字的能力。所以，任课教师在授课时，还需通过以下层面来提升学生的语言文字应用意识。

第一，在教学过程中，任课教师须树立表率作用，在课程教学中应用

普通话，通过润物细无声的方式让学生受到正向影响，自觉改正自己不正确的发音习惯，并严格要求自己，规范使用普通话，进行正确表达。

第二，任课教师在课程教学中，须引导学生应用普通话进行互动。在课堂上，教师在鼓励学生就某个问题进行分析与探讨时，须指引学生合理应用普通话，让他们在长期的学习中培养规范应用语言文字的习惯。在学生发言时，教师应对其普通话进行指导，积极肯定那些发音准确、具有良好语言组织能力的学生，发挥这些优秀生的榜样示范作用，让其他学生向这些同学学习。

第三，学校须关注对学生应用语言文字的能力进行培养，与学校的现状有机结合，安排适合学生的语言文字活动，为学生锻炼文字表达、口语表达创造良好契机，让学生通过不断地实践，逐步优化自己的语言文字应用素养。

二、优化课程设置，保证课时

考虑到现阶段学生语言文字应用能力不强的状况，高等院校在培养优秀人才、改进课堂教学的过程中，还须在课时上提供有效保障，对汉语课程进行改进。在此基础上，高等院校在展开教育教学工作时，须通过当前的教学资源，根据学生的具体状况，合理构建课程体系，为学生语言应用能力的改善提供相应助力。在规划语言文字应用课程时，须与学生的学习能力、文化知识学习状况以及认知水平等相匹配，既要设置与文学鉴赏有关的课程，也要设置一些表达与写作类的课程，确保学生在学习时，逐步增强自己的语言表达能力。换句话说，高等院校可以设置一些公共语言学、演讲和口才、现代汉语以及应用文写作等基础课程，通过规范化教学，充分提升学生的语言文字应用能力。

三、组织丰富多彩的语言活动

根据语言文字应用素养的特征，高等院校在为社会培养高素质人才的过程中，既要围绕语言文字课程科学设计教学，又要与学生的具体状况相结合，组织各种形式的校园文化活动，让学生在参与这些活动之时锻炼自己的书面表达能力与口语表达能力。换言之，面对学生语言表达能力差的状况，高等院校在进行教育工作时，可以组织开展征文比赛、诗词朗诵、书法比赛、校园演讲、辩论赛等，让学生在丰富多彩的活动中发掘自身的语言潜能，激发学生学习语言文字的积极性。此外，高等院校还须引导学生参加主持人大赛和辩论赛等活动，也可以通过学校的资源，为学生组织模拟论文答辩、现场招聘会等活动，让他们充分感受到语言表达的关键作用，并在这些活动的过程中，对其语言表达进行规范，增强其表达的自信，全面提升学生的语言应用素养。

四、营造良好的语言文字环境

在中国文化中，汉语是不可或缺的一个关键构成内容。在高等教育领域，将其与课程教学相结合，对学生的语言文字应用能力进行培养，这是提升其综合素质的核心，也是构建人才优势的重点。在此形势下，高等院校的培养体系须与语言文字应用素养的特征相结合，为学生构建学习氛围浓郁、和谐的语言文字环境，让其接受良好的教育，从而获得深刻启迪。

第一，借助校园媒体构建语言文字环境。高等院校在传播文化的过程中，非常关键的传播载体就是校园媒体，比如学校网站、广播站、校报校刊以及黑板报等。在此情况下，学校在打造适宜的语言文字环境时，可以通过校园媒体，把文化论坛、一些有代表性的影片与名家讲座等发送至高校网站上，从而迎合学生的具体要求，以助于学生在课余时间观看、学习，不断积累更多知识，开阔视野。

第二，促进校园墙壁文化建设。高等院校的墙壁也可以发挥良好的教育作用。墙壁既是高校建筑的一部分，也是校园文化的核心构件之一。鉴于墙壁文化的教育功能，高等院校在展开语言文字应用教育工作时，可以适当应用学校宿舍、办公楼、图书馆等的墙壁宣传推广语言文字，构建良好的语言氛围。

第三，高等院校在培养人才的过程中还应充分推广普通话，为学生创造讲普通话的时机，让他们通过不断地交流沟通，正确应用普通话，感知汉语的博大精深，积累应用汉语的成功经验，逐步提升自身的语言表达素养。

五、鼓励学生写作，培养学生的书面表达能力

书面表达不仅是语言文字应用的一种主要形式，还是评估学生语言文字应用能力的核心。因此，高校对学生的文字应用能力进行培养的过程中，还须合理引导学生参加写作相关练习。换言之，任课教师须考虑到学生的写作水平与认知水平，引导其参加符合自身要求的相关写作活动。高等院校是为社会培养高素质人才的基地，尽管不要求学生成长为编剧、散

文家等语言文字水平很高的专业人才，但拥有一定的书面表达能力可以为学生未来的发展奠定坚实基础。所以，任课教师可以根据学生的性格、具体需求，将一些优秀的文学作品推荐给学生，组织一些写作培训活动和相应的写作练习，调动学生的写作积极性与兴趣，引导学生进行创作，并把爱好相似的学生分在同一个小组，以共同鉴赏某作品，说一说自己的感受，从而对其语言文字应用能力进行培养，提升其审美水平，为其写作能力的优化做好铺垫。

六、构建社会实践基地，提升学生语言文字应用素养

汉语是一种语言，是人们交流时应用的一个关键工具，同时还是中国文化不可分割的一部分。因此，高等院校在提升学生的语言文字应用素养的过程中，只依靠课堂教学是不够的，还须有效拓展课堂教学，与学生的专业相结合；有效组织课外实践，让学生通过不断地锻炼，提升自己的语言文字应用素养。在此基础上，高等院校可以和当地企业取得联系，为学生提供合适的训练基地。企业负责安排专业人员到学校进行岗前培训和实践操作，让学生通过实践，提升书面表达与口语表达能力。在具体实践中，教师须引导学生根据实际情境与场所等，应用正确的交流技巧与方式，以强化学生的语言表达能力，对其语言文字应用素养进行提升。

根据前文的分析与探究，在新的历史时期，充分提升学生的语言文字应用素养，让其拥有良好的语言文字应用能力，这是增强高校竞争实力、提高人才质量的重点。同时，高校还须突破传统的人才培养模式，匹配学

生的语言文字应用现状，构建科学的教学理念，提升学生的语言文字应用意识，并在此状况下改进课程体系，建立实践训练基地，组织各种形式的活动，创造和谐的语言文字应用环境等，全面提升学生的语言文字应用素养，从而迎合社会发展的需要。

第三节　陶行知语言文字教育思想及其对对外汉语教学的启示

我国著名教育家陶行知先生的教育思想影响了一代又一代人，却很少有人关注其语言文字教育理念。本节会整理分析陶行知的语言文字教育思想，以期为对外汉语教学提供良好借鉴。

一、陶行知的语言文字教育思想

陶行知教育思想的主要内容就是教育和生活相通，而其语言文字教育思想也展现了突出的生活性。

（一）语言文字教学要将工具性和思想性相结合

陶行知对如下认识进行了批判：一是教育的全部是文字，二是人们不用学习文字。他指出，所有教育的基础是认可文字的工具性，语言文字教学的终极目标不单单是掌握该工具。其通过《平民千字课》（下文一律称为《千字课》）指出，对人们正确的精神与态度进行培养，这是教学的基本目标。因此，广泛开展识字教育、扫除文盲仅是基本任务，最终目标是“做新民”。这全面展现了陶行知语言文字教学工具性与思想性有机融合的理念。

（二）语言文字学习要以生活需要为依托

陶行知指出，为了激发人们读书学习的积极性，须根据其生活中的实际需求进行教学。他认为，只会看《三字经》和《百家姓》的人，是读死书，无法获得良好的学习效果，人还会变得越来越迂腐。其通过《我之学校观》强调，学校知识是社会生活的组成部分，学校与和尚庙截然不同，须和社会生活紧密相连。语言文字教学的生活化要求强调突破封闭式教育的桎梏，放眼于生活的各个层面，参照生活的发展状况，对语言文字教育的前景进行科学规划。

（三）教材编写要以生活为内容

陶行知和朱经农共同创作的《千字课》以汉字出现的频率为依据，也就是汉字的常用性，借鉴了陈鹤琴的成果。“陈先生花费了一年多的时间，创作了一本字汇；从100万字中，找到了出现频率超过101次的字，这些字共有1165个。我们就用此方式所得的字进行设计。尽管未将这些字全部收录进去，但是这本书中的常用字，都来自这里。”该识字课本，只用了9个月就在20个省区推广开来，有超过5万的人阅读《千字课》。该教材充分解除了蒙学教材的桎梏，将重点置于生活层面，突出了实用性，因此是我国教育发展史上的一个里程碑。

二、陶行知语言文字教学观对当今对外汉语教学的启示

（一）对对外汉语教学原则的启示意义

1. 兴趣性原则

陶行知将满足学习者的心理需求作为立足点，强调实施教育教学须将趣味和意义相结合；学生有了学习的兴趣，就会不遗余力地进行学习，因此，“学”和“乐”是紧密相连的。其指出，只教学生认字，无法充分激发学生的学习积极性；如果先引导学生通读一遍课文，他们领会了课文表达的思想，感受到了学习的乐趣，享受到了成功的喜悦，然后再详细讲解生字，他们就非常愿意听；其次引导学生多阅读课文，这样既教会了他们认字，又让他们学会了读课文；最后再教其写字，让其学以致用，等他们能够灵活应用这些字，才算充分掌握。陶行知确立的兴趣性原则，可以在对外汉语教学中发挥重要作用。心理学指出，学习获得良好效果的关键因素是具有内在动机，而内在动机是通过兴趣形成的。机械单调的记忆只能让学习汉语的不良情绪显著增加，而兴趣既可以为教学带来有效助力，在教学时发挥吸引注意力、渲染情绪等作用，还会对教学全程形成一定影响。

2. 和谐性原则

陶行知认为，应借助民主作风进行教学，并和同事一起过民主生活，打造民主式的校园。心理学相关研究结果显示，平等、民主与和谐的课堂可以提升学生的安全感，使学生积极客观地发表自己的看法。从对外汉语教学这一层面来看，须关注学生的情感因素，为其提供情感上的助力；应当尊重学生，设法为其构建和谐、良好的交流环境与氛围；关注学生的说

话方式，尊重其个性。只有学生大胆表达自己的看法，师生才能进行良性互动，才能提升教学成效。

3. 实践性原则

陶行知强调，学的核心是做，做也是教的核心，生活教育应当是学、教、做相结合的。将做与行视作教学的主线。学校举行庆祝会，学生负责写邀请信，写得不合格，要重新写。撕掉三封信，多多历练，就能培养出一个小文书。因此，须在学习的整个过程中渗透实践性原则，这代表着不能进行机械训练，应当组织学生到真实的场合中进行训练，通过具体的操作实践进行学习。

（二）对对外汉语教材编写的启示意义

陶行知创作的《千字课》这一识字课本中，共有96篇课文。这些文章是由应用频次较高的1000多个常用字编写而成的，篇幅有短有长，有三四言的短句，也有长句。不识字的老人与孩子是《老少通千字课》（下文一律称为《老少通》）的读者群体，所以，全篇应用的是诗歌的结构，语言比较通俗，易于阅读。陶行知的母亲学习这本书半个月之后，就能看懂大约100字的信了。通过以上教材，我们可以得到这些启示：

1. 教材编写应坚持功能、结构、文化三位一体

功能指的是汉语教学的重点是锻炼语言交际能力；结构指的是讲解汉语基础知识；文化指的是提升对多元文化的接受能力，受到多种优秀文化的熏陶。在多元文化交际中，既要具备应用目的语的能力，又要具备准确理解该语言的文化素质。所以，编写教材时须将三者进行融合。当前对外汉语教材的一个主要问题，就是太过偏重结构与功能。

2. 初级阶段对外汉语教材应坚持随文识字，以先理解后认读再识记为原则

在此层面，《千字课》和《老少通》进行了深入探索与有益尝试。认字的顺序没有以笔画的多少为依据，主要根据是否常用来展开，使学习者通过相应的概念着手，以学生常见的学习场景与生活场景为出发点，通过词引出相应的句子，然后形成有大量口语的篇章。比如，第一课中有这些生字：一、个、先、生、十、学、人、教、书、读。

一个先生，十个学生；一个人教，十个人学。先生教书；学生读书。先生教学生；学生学先生。

这是第一课的课文。以这些词语为切入点：一个、先生、十个、学生、读书等，各词均与学生做的事情具有紧密关联。而且文章比较简洁，除了让语篇连贯的字与一些要学习的字，没有多余的字。生字出现在课文中，一边认字一边读课文，将识字与朗读相结合。在阅读中认识生字，在认字的过程中阅读课文，学生频繁地与生字接触，实现了字、词、句、文循序渐进、紧密相连，这样可以显著减轻学生的识记压力，便于学生理解这些字的意思并正确地应用它们。当前的汉字教材应用的生字，大多是从笔画少的字开始讲，由简单到复杂逐步编排，但是这样的设计可能会导致部分无意义联系的字词放在一起，而且笔画少的字在辨认上存在一定难度，这使学习并灵活应用这些字的难度增加了。

3. 教材编写要坚持韵语与口语结合

陶行知编写的上述识字教材，区别于当前对外汉语教材的显著特征之一，是韵语教学。《老少通》中所有的文章均是根据七言、四言等方式编排的，如第四册中的《懒学生》这篇课文，原文是：春天不是读书天，夏

日炎炎正好眠。待到秋来冬又到，收拾书包过新年。这种韵语教学就是一种组块以减少记忆单元的模式，充分拓展了记忆的容量。便于识记的内容都包含了押韵、意义连贯的特征。

《老少通》与《千字课》这些教材正好与以上记忆规律相匹配，可以显著减轻记忆这些字的压力，对学生强化识记非常友好。而这也是当前对外汉语教材没有做到的一个方面，须及时进行改进。

第四节　国内与国际汉语教学的语言文字标准

一、国内汉语教学的语言文字标准

（一）法定的语言标准——普通话

20世纪50年代，很多研究学者就开始对我国语言文字规范化所采用的标准进行探究。从国家角度看，确定了普通话的语言文字使用标准，对推广普通话的重要意义进行阐述和说明。自此，研究学者在汉语教学的过程中，就自觉把普通话作为重要的语言文字规范教学执行标准，从教材编写、课堂教学等方面都可以体现出语言的规范化发展。普通话水平也成为衡量对外汉语教师能力的重要参考标准。对外汉语教学采用的语言标准就是普通话，符合法律规定的同时，与整个社会发展趋势保持一致。我国宪法中明确规定要大力推广普通话，让普通话在全国各地得到推广、使用。除此之外，我国还规范了对外汉语教学的语言使用标准，要求使用普通话来教学。第二语言教学所采用的语言标准是目的语国家的标准语，之所以选择标准语言是因为其有较大的学习价值，使用范围大，有助于社交活动，而方言或者非标准语言可能只是在某个地区使用，无法大面积推广，语言价值受到限制。在对外汉语教学的过程中选择普通话合法合理，有助于我国语言文字的规范化发展。

但是从具体实施和执行的角度上分析，想要达到标准普通话水平难度较大，要做的就是通过不断努力朝着标准普通话水平靠近。普通话有明确的语音标准，但是对轻声、儿化音的教学却没有明确的教学框架和细致要求。尤其是词汇、语法以及方言的使用界限不够清晰。使用的教材即便符合标准普通话，但是教师在实际教学的过程中，可能受到自身能力和专业水平的限制，对标准普通话的解读可能存在不到位的情况。教师的普通话水平也各有差异，面对这种情况，很难保证所有教师使用的都是标准普通话。在学习过程中，学习者是否能够把握普通话学习的精髓，这也很关键。所以，想要真正达到标准普通话水平难度较大。

（二）合格的语言标准——地方普通话

我国法律明确规定要大力推广普通话，这是我国实施的一项重要国策。在普通话推广的几十年中，语言文字使用标准逐渐朝着规范化的方向发展，并取得了一些成果。但是，在实际发展过程中，普通话普及率并不高，能够达到标准普通话水平的人占比较低。随着经济的发展，社会分工逐渐细化，各行业迅速发展，也带动了不同城市、地区人员的流动，这也是促使地方普通话发展的重要因素。李宇明认为，地方普通话是地方方言与普通话融合发展的结果，在普通话中明显带有地方色彩与特征。从对外汉语教学上看，一些教师的普通话就带有一些地方方言的特点，语言使用习惯也受到地方语言的影响，尤其是在语调、语言习惯等方面，明显受到地方语言的影响。在整个大环境或者对外汉语教学中，地方普通话都比较常见，当前属于一种常态。

虽然在我国宪法中提出要大力推广普通话，但是这并不是强制性的要求。普通话的推广和普及目标也无法在短时间内完成，需要投入大量的时间和精力来落实，这就意味着普通话规范和引导很关键。《中华人民共和国国家通用语言文字法》第十九条明确提到，以普通话作为工作语言的播音员、主持人、教师等，普通话的水平必须达到国家规定的等级标准；如果没有达到标准，需要进一步展开培训工作。侯精一认为，在教育活动中使用国家通用语言文字很重要，但是从学术分析上看，是否满足普通话推广条件还需要根据具体情况进行分析。不同社会群体所要达到的普通话等级标准是不同的，需要采取有效措施达到良好的引导效果。国家推广普通话主要集中在教育战线、新闻出版、公共服务等行业中。这些行业中的人员具体所需要达到的普通话标准水平也不相同，存在明显的差异性。在推广的过程中，采取弹性适用标准比较合适，以此来更好地应对复杂的语言环境。

由此分析可知，在对外汉语教学活动开展的过程中，把地方普通话作为执行标准是合理的。地方普通话有其存在的必要性和重要性，我们要遵循语言发展规律。地方普通话可能会在未来很长一段时间内得到使用，不能忽视其受众群体。即便地方普通话存在明显的地域色彩和特征，但是在推广普通话上起到的作用不容忽视。所以，在对外汉语教学的过程中，应该承认地方普通话的地位，让地方普通话在对外汉语教学中发挥作用，为汉语的规范化发展创造良好的使用环境。

（三）法定的文字标准——规范汉字

在对外汉语教学活动开展的过程中，需要教授汉字，通过汉字的听说读写来灵活地使用汉语。以往对外汉语教学过程中，使用到的文字都是简化后的汉字，基本上和当前规范化的汉字相同。规范汉字是我国的法定文字，在语言文字规范化发展中是重要一环，在社会不同领域中得到推广使用。在教育教学活动中，编写的教材也是以规范汉字为基础，课堂教学中也会使用到标准文字，这很好地契合了语言文字规范化发展的要求。

汉字和拼音结合起来进行打字教学很重要。在输入拼音之后，选择目标汉字进行提取即可。一些学者认为打字也应该属于汉字教学的内容，但是当前尚未形成明确的结论。从生活实践上看，打字场景比较常见，对外汉语教学活动中，可以适当地增加打字教学，使其成为汉字汉语教学核心体系中的重要一环。

二、国际汉语教学的语言文字标准

（一）理想的语言标准——普通话

普通话是理想的语言标准，同时也是我国宪法规定国民使用的法定语言，在不同的地区、不同的民族中推广使用。在汉语教学的过程中，会见到使用普通话编写的教材，也会使用普通话展开课堂教学，这对于语言文字的规范化发展有重要意义。所以，在汉语教学的过程中，使用普通话进行教学有重要的现实意义，可以满足汉语教学的需求和目标。很多汉语培训机构都直截了当地命名为普通话教学中心，这也能够反映出普通话在汉语教学中的重要性。

普通话在整个国际汉语教学中起到重要作用，但是受到一些因素的影响，普通话在汉语教学中的应用受限，影响到汉语教学成果。在复杂的语言环境中，汉语教学并非全部使用普通话教学，可能存在语言沟通上的障碍，实际教学中使用普通话教学汉语的情况并不常见。使用理想的语言标准进行汉语教学是从理论角度上希望能够达成的效果，是一种美好的愿望，也是努力的方向，但是在实际教学活动中，想要实现标准语言教学的难度较大。各地汉语教学所要达成的目标存在差异，学习汉语的方式也不同。从国际汉语教学规划角度看，用普通话教学汉语是一种美好的愿望，普通话也是理想标准，能够最大限度地使学生获得学习汉语的价值。使用普通话教学比较理想，但是并不具有唯一性。

（二）合格的语言标准——大华语

国际华语在当前得到使用，从长远发展的角度来看，在未来很长一段时间内，国际华语都有重要的使用价值。我们不能够轻视或者忽视方言汉语在普通话推广中起到的作用，哪怕这些汉语并未达到最高的语言标准。有一些研究学者对国际华语展开研究分析，认为对国际华语展开研究和应用有着重要价值，可以注重国际汉语资源的挖掘与利用，为汉语的传播和推广创造有利条件。

在当前发展阶段，人们已经开始认识到国际华语存在的重要性，对国际华语的概念进行解读和分析，形成了统一的认识。除此之外，还对大华语的性质进行分析，对其核心内容进行概括。我们需要认可大华语的存在，并且能为大华语的应用创造有利条件，在法律层面上认可大华语的地位，确定大华语的语言标准，确定清晰的语言使用框架。只有这样，才能更好地把大华语应用到国际汉语教学活动中。陆俭明表示，在教学活动开展中满足的基本要求就是达到大华语要求，而最高标准就是达到普通话水平。

通过以上分析，笔者对大华语的应用提出了以下建议：①对大华语的概念和内涵进行界定。大华语属于汉语通用语言，把普通话作为重要的引导语言，在全世界华人群体中使用。②应该把大华语纳入国际汉语教学体系中，明确为合格语言标准。这里所指的合格就是能够满足汉语教学的最低要求，但也能够满足规范化需求。③大华语想要成为汉语教学合格语言标准，需要满足一些条件。比如，大华语可以在社交活动中得到使用，满足社交需求，并且这种社交活动能够突破国家和地区。大华语满足汉语教学标准，规范性水平应该满足要求，从词汇、发音、语法使用上，与普通话存在明显的共性，差异不宜过大。

把大华语作为国际汉语教育的合格语言标准比较合理，能够凸显出大华语在汉语教学中的重要地位，对于汉语教学研究活动的开展有重要的参考价值。确定大华语的语言标准很关键，能够实现大华语语言资源的有效整合利用，对于学科规划建设发展也有重要意义。

（三）理想的文字标准——规范汉字

在国际汉语教学活动中使用到的文字标准大多是简体汉字，还有少部分地区使用的是繁体汉字。我国理想的文字标准就是规范汉字。规范汉字需要经过系统的整理，然后在现代社会中应用。《通用规范汉字表》由教育部、国家语言文字工作委员会组织制定，经国务院同意公布，其中对规范汉字的使用要求进行了说明。中国使用汉字的历史比较悠久，是汉语使用人口最多的国家。中国在与其他国家进行经济、文化、技术等方面交流的过程中，非汉语使用国家会把汉语作为第二语言进行学习，在学习汉语的时候就需要满足中国的汉字规范。

当然，国际汉语教学活动开展中，还有部分教学机构教学的汉字是繁体汉字。还有一些教学机构对汉语拼音的教学，并没有达到规范汉字的标准。规范汉字在当前应该属于理想的文字标准，是最高的选择标准，但是在国际汉语教学中，并非强制性地只能使用规范汉字。从长远发展的角度来看，规范汉字在未来发展中有较大的应用潜力。

（四）合格的文字标准——汉语拼音

拼音在汉语教学活动中有着重要的使用价值，其存在的文字属性功能比较突出，是合格的文字标准。下面对汉语拼音的学习功用和价值进行详细阐述：

（1）从学习者的角度分析，很多汉语学习者对《汉语拼音方案》有一定的了解，选择的是国际拉丁字母，便于书写和拼读。在语音阶段性学习后，可以基本上掌握汉语发音，能够灵活地拼写，还可以使用汉语完成笔记的书写和记录。

（2）从教学人员的角度分析，汉语拼音的教学优势体现在方便拼写，文字教学和训练难度不大。可以借助汉语拼音学习来更好地完成汉语教学任务，汉语拼音对汉语教学模式、教学方法都产生了较大的影响。拼音容易拼读，汉字却不好拼读，借助拼音就可以解决这个问题，达到更好的教学效果。

（3）从实际功用角度分析，拼音在国际汉语教学中起到重要的作用。一些外国人编写教材的时候，会使用到汉语拼音，可能文章不会出现汉字，直接使用拼音来代替汉字，这也能够从侧面说明汉语拼音的文字功用较为明显。

通过以上分析可以得知，汉语拼音的文字功用比较突出，可以在很大程度上拓宽传播渠道和途径，为汉语教学活动的开展创造有利条件。学习者可以通过学习口语来弥补汉字学习中存在的不足。可以把汉语拼音作为合格的文字标准来推广和使用，为汉语教学活动的开展提供便利。合格的文字标准应该达到规范要求，可以满足较多口语学习者的学习需求。拼音化教学模式有较好的应用前景，使其成为规范教学模式很有必要，可以为汉语教学事业发展创造有利条件。

第五节 中华传统文化与国家通用语言文字教育教学

处于全球一体化发展的形势下，中国与其他国家之间的交往，特别是经济贸易往来越来越频繁，这为中外文化交流创造了相应机遇。中华传统文化是在长期的发展演变中助力文化发展的瑰宝，优秀传统文化的弘扬途径是我国教育领域重点探索的内容。汉语言文学是高等教育系统不可或缺的一个构成内容，其课程内容和中华传统文化具有大量的契合点。此外，中华传统文化也为汉语言文学教学带来了许多宝贵资源。所以，教师研究探索的核心就是知晓把握契合点的最佳方式，对汉语教学进行革新。

一、中华传统文化视域下汉语教学创新的必要性

（一）弘扬传统文化的迫切要求

随着中华民族诗词文化的逐步演进，古诗文已经融入了中国人的血脉之中，汉语教学应当对优秀传统文化进行传承，让学习者拥有文化自信，为中华民族辉煌灿烂的文化而骄傲自豪。汉语言文学专业肩负着探索分析、弘扬中华民族语言文化的使命，要为国家培养出具备一定语言文字教学能力、良好的人文素养，能够熟练应用语言文字研究工具的优秀人才。

根据上述分析，在新的历史条件下，任课教师应知晓继承与弘扬中华优秀传统文化的重要作用。通过教学实践，深入阐述汉语和优秀传统文化的联系，引导学生学习经典古诗词作品与文学作品，了解中国的传统文化，与时俱进，迎合时代发展的要求。然而，传统教学模式在中华传统文化融合层面，重点关注的是教学与理论内容讲解，没有关注到学生的学习现状。换句话说，高等院校中从事汉语教学工作的教师，需适应时代的演变与社会的发展，充分展现这一专业的人文性，改进汉语教学模式，在日常教学过程中传承优秀的传统文化，在课堂中渗透优秀的中华传统文化，让学生对自己的国家与民族充满自豪感，以此全面弘扬传统文化。由此可见，在传统文化的视域下，对相关教学进行逐步改进，这是传承中华优秀传统文化的前提与基础。

（二）顺应时代发展的急切需求

为什么要改进、优化教学？优化教学有什么意义？其实，对汉语教学创新进行分析，对学生充分认可汉语，推动汉语有序、健康发展具有十分重要的影响。从学生的角度来看，第一，学生学习汉语的兴趣不高、缺乏自主性的原因是相关理论知识内容过多。学生比较偏爱紧贴生活、趣味性强的知识内容。这几年汉语教学效率一直提不起来，品质也无法让人满意，不能有效展开教学工作。第二，从国家实施改革开放战略以来，汉语言文学专业定位没有相应的指向性。想要让该专业有序、健康演进，应当继承中华优秀传统文化。基于此，不断优化汉语教学是十分有必要的。因为汉语教学是学生了解中华传统文化的基本途径，对汉语教学进行革新，可以充分激发学生学习的热情与兴趣，提升其主观能动性，从而促进汉语言文学专业稳步发展。因此，在传统文化层面，创新汉语教学，不仅是满足社会发展要求、与学生学习现状相吻合的关键途径，也是在社会不断演变中提升汉语地位、促进教学革新以及专业建设的迫切要求。

二、中华传统文化视域下汉语教学的改革创新策略

（一）不断引进自主合作模式

在很长一段时间内，传统教育理念在我国教育体系中占据着主导地位，教师要突破单一的教学模式，要应对许多难题。其中最主要的一个难题就是在传统模式的影响下学生被动地学习，没有学习兴趣，学生与教师没有良好的互动。故而，要创新教学，任课教师应合理应用自主合作模式，强调学习者的重要地位，引导学生加入知识内容的分析与讲解活动中，并与老师、同学进行交流互动，为课堂带来更多活力，而不是照本宣科、满堂灌。

（二）依托于互联网，构建新型文化阵地

为了充分展现中华优秀传统文化对学生文化取向与价值理念等的正向影响，高校教师在课程教学中借助网络，全面发掘、推行中华传统文化，鼓励学生从多个途径与视角认识理解中国丰富多样、底蕴深厚的文化，提升其文化自信，进一步强化对学生的文化熏陶，提升学生的综合素质。想要实现该目标，就需要任课教师在课程教学过程中科学认识网络信息影响学生思想活动的状况，借助网络平台等，为学生构建深入探索地方文化内

涵、认知传统文化的良好环境，促使学生积极探索当地优秀传统文化，深入挖掘地方特色文化资源，通过持之以恒地学习，感受优秀传统文化的魅力。

（三）增设课堂的实践环节

对教学进行改进与优化期间，教师应科学运用自主合作方式，对教学模式进行改进，还需结合学生的实际学习状况，对课程设计进行改进，添加一些实践环节，让学生一边学习一边应用，获得良好的学习效果。为了将适宜的实践机会提供给学生，教师不但要引导学生积极参加学校组织或者相关单位举办的相关活动，为应用相关理论知识创造适宜的条件，让学生借助沟通交流、亲身体验等方式，感知各种场合与语境中的文化特点与语言差异，还要创造和谐、有效的学习氛围，在课堂教学中合理组织实践活动，为学生与学生之间、学生与教师之间的交流奠定基础，培养学生的汉语读、听、写能力。比如，在课堂上，教师可以播放古装剧视频，让学生找错并纠正，通过分析找到语言等领域的突出问题，从而深入学习不同历史阶段的文学知识；也可以播放轻松的歌曲，根据教学主要内容组织口语训练。

根据上文的分析可知，由于高等教育改革的逐步推进，以及信息科技的快速演进，从事汉语教学的教师，既要通过先进的信息技术，对教学进行创新，发掘新的教学手段，灵活地应用与表现教材内容，让学生感知到汉语的作用与价值，又要把传统文化和汉语紧密相连，从优秀的传统文化中发掘大量与汉语有关的教学资源，根据学生的特征改进教学模式，调整教学方向，让教学模式与时俱进，在与中华优秀传统文化相结合的过程中，启迪学生深入思考现代文化，以期提升其专业技能及文化素养。

优秀传统文化是中华民族的智慧结晶以及文化宝藏，也是中华文化的关键构成之一。汉语言文学是高等教育系统中不可或缺的一个组成内容。中华优秀传统文化不仅为汉语教学带来了有效助益，还为优秀文化的弘扬提供了有效途径。然而在教学过程中，由于内部与外部相关因素的影响，汉语教学出现了一些问题，比如文化教材不足，没有关注到本体课程，没有显著的地域特色等。因此，各个地区的高等教育系统须根据现状，从设置特色课程、改进课程比例以及健全教材体系等层面，对汉语教学进行不断改进。

第三章

高校语言文字传承——汉语教学探究

第一节　对高校语言学学科的认识以及语言学课程研究性教学的意义

一、对高校语言学学科的理解和认识

语言是人类社会重要的联系纽带和组成要素，随着人类社会的发展而不断演变发展。语言是一个复杂的现象。从社会功能的角度看，语言是人类最重要的交际工具；从思维的角度看，语言是最重要的思维工具；从语言本体的角度看，语言是一个声音和意义相结合的符号系统。语言学是研究语言的科学，因此，其学科性质也很复杂。语言学既具有社会科学的性质，又具有自然科学的性质，同时具有强烈的社会实践性，“它在整个科学体系中占有重要的地位”。

根据《中华人民共和国学科分类与代码国家标准》，语言学是一个与文学、艺术、历史等学科并列的一级学科门类，涵盖普通语言学、比较语言学、语言地理学、社会语言学、心理语言学、应用语言学、汉语研究、中国少数民族语言文字、外国语言、语言学其他学科等相关学科。就汉语研究学科而言，共包括10个三级学科，比如标准普通话、各地方言、汉语语音、汉语音韵、汉语语法以及汉语史等。

按照教育部颁布的《普通高等学校本科专业目录（2012年）》，中国语言文学类专业包括汉语言文学、汉语言、汉语国际教育、中国少数民族语言文学和古典文献学。就以上提及的专业来讲，汉语言文学的课程占比最大，开设的课程门数相对较多。随着《普通高等学校本科专业类教学质量国家标准》的颁布与实施，汉语言文学专业的课程教学规定被修改，如下所示。

（一）汉语言文学专业

专业基础（必修）课程有语言学概论、古代汉语、现代汉语。专业（选修）课程有汉语史、文字学、音韵学、语法学、训诂学、方言学、应用语言学、社会语言学。

（二）汉语言专业

专业基础（必修）课程包括语言学讲解、古汉语研究、现代汉语教学以及方言学推广等。专业（选修）课程有语音学、文字学、词汇学、语法学、修辞学、音韵学、训诂学、社会语言学、应用语言学、计算语言学、现代汉语专题、汉语史、中国语言学史、中国传统语言文字学论著选读等。

基于课程体系的视角进行概述与分析，以上提及的课程有一部分是专业基础性的课程类型，主要包括语言学讲解、古汉语研究以及现代汉语普及等。此外，专业基础（必修）课程还包括一些具有一定提高性的主干课程，包括文字学、汉语史、语言学史，还有专题性的方向类课程，如语音学、词汇学、语法学、修辞学。基于课程性质的层面进行综述与分析，一些课程强调工具的功能，另一些则突出理论性，还有一些更加侧重实践性。部分课程的性质相对比较复杂，容纳了一种或多种不同的特征和属性。以现代汉语这一课程为例，在发挥工具性的同时，还具有一定的理论性，在实践性方面也比较明显。就语言学课程而言，在长期发展中趋于成熟，目前已经成为高校汉语言文学专业课程体系结构的重要构成部分，为学生的汉语言文学专业课程学习打下坚实的基础，有利于学生今后学习、工作目标的达成，同时还体现较强的独立性，对丰富学生的语言学知识，培养他们的语言运用和语言研究能力具有重要的作用。另外，除中国语言文学类专业外，高校其他许多相关专业也开设有语言学类课程，如汉语国际教育专业、文秘专业、广告学专业、广播电视学专业、新闻学专业、播音与主持专业。因此，在语言学课程中进行研究性教学，不仅对于语言学创新型人才培养有重要的价值，对于文学、广告学、新闻学等专业创新型人才的培养与成长也有着积极的影响和作用。

语言有着显著的规律性，同时也具有隐性的特征。由此可见，研究语言的语言学有着一定的逻辑性，表现出较强的抽象性。语言是人类社会生存与发展不可或缺的工具，和人类的生活、学习与工作息息相关。也就是说，针对语言的语言学研究应该是可感的、灵活的。学生在学习语言学课程的过程中，能够对语言产生一定的敏感性，促使自身形成一定的逻辑思维和抽象思维能力，进一步增强对汉语的自信。与其他学科相比，语言学可尝试通过研究性教学方法来展开一系列的研究活动。

二、语言学课程研究性教学的目的、价值及意义

在语言学课程教学中开展研究性教学，意义很多，应基于各个维度和

视角来进行综述与分析。不过，基于学科和教学的层面来讲，语言学课程研究性教学的意义主要有两方面：一方面是有利于大学生语言研究和创新能力的形成与提高，另一方面是能够为语言学课程的教育改革与创新积累经验，提出思路和方法。与此同时，由于汉语言文学专业的学生在不久的将来会参与基础教育的语文教学工作，所以，语言学课程的研究性教学对于学生胜任基础教育语文学科的探究性教学工作也有很重要的意义。

（一）有利于培养学生的语言研究和创新能力

《普通高等学校本科专业类教学质量国家标准》对中国语言文学类专业学生的能力培养提出了具体的要求和标准，即“具有感悟、辨析和探究语言文学现象的能力……”质量管理目标是“培养学生具有扎实的专业基础和创新精神、创新能力……”可以看出，语言研究（探究）与创新能力既是专业培养的目的，又是专业培养的标准和要求。邵敬敏指出，之所以要开设现代汉语这一课程，其目的是帮助学生对现代汉语的内容、内涵和价值等有深入的感知、感受和感悟，从而达到理性的认知和理解，促使学生在课程学习的过程中形成一定的语言能力，提高学生的综合语言素质。我们在理解语言素质和语言能力等概念时，应考虑三个方面：第一，对语言的理解能力和语言表达能力；第二，对语言的分析能力和思辨能力；第三：对语言的创新创造能力以及探索和思考能力。

语言素质和语言能力，具有一定的宽泛性，不仅是开设现代汉语课程的目的，也是开展语言学课程的初衷和意图，需要在课程教学实践中达成。在笔者看来，不管是语言素质的培养还是语言能力的提升，都应该明确第一、第二两个层面的目标和任务，这些都能通过传统课堂教学来实现。教师可尝试利用课堂教学实践活动的开展来促使学生掌握一些基础性的语言技能，不过，如果要达成“培养创新能力和研究能力”的教学目标，课堂讲授的方法就难以奏效了。因为以往的教学模式并不关注学生语言研究与创新能力的形成与提升，在这一方面缺乏科学有效的措施和方法。在某些情况下，部分教师对这些目标有着认知和理解的偏差，觉得只有在研究生阶段才适合培养学生的研究和创新能力，忽视了大学期间学生研究与创新能力培养的重要性，导致大多数大学生的语言研究与创新能力距离预期水平有明显的差距。结合教学实践结果进行综述与分析发现，大四毕业生在选择论文主题时，语言学学科的论文选题比例很低，且不少论文完成质量不高。

只要教师适当提高要求和标准，部分学生就会选择文学一类的论文课题，这种现象在我国高校普遍存在。因此，要培养学生语言研究和创新的能力，就必须通过研究性教学，师生共同去探索、去发现、去研究，在探索、发现和研究中潜移默化地培养学生的语言研究和创新能力，这是一方面。另一方面，研究性教学的开展有利于学生的语言研究与创新能力的形成与发展，由此一来，学生就能在学习的过程中产生一定的语言理解能力和表达能力，对语言的分析能力和思辨能力也在潜移默化中进一步地提升，最终的结果就是三个层面的目标都能同步达成。总而言之，语言学课程的研究性教学非常有利于培养学生的语言研究和创新能力，是培养优秀语言学人才的路径和方式之一，需引起高校教师的关注和重视。

（二）有利于深化语言学课程教育教学改革

与其他课程相比，语言学课程有着十分重要的地位，且存在独特的属性和特征，对逻辑关系有严格的要求，抽象化程度相对较高。部分语言现象往往包含复杂的结构和内容，所以很多学生学习起来感觉比较费力，学习的兴趣不高，学习效果也不够理想。对于教师而言，如何教好语言学课程，激发学生的学习兴趣，提高教学效果，也是重要的教学研究内容和谈论的热门话题。近年来，广大教师在语言学课程的教育教学改革中做了很多努力，提出了很多创新性的教学思路和方法，不管是课程体系的构建、教学内容的优化，还是教学方法和教学手段的改进等，在这些方面先后获得令人欣喜的改革成果。但是，教育教学的改革与创新应保证深度和广度，更要转变传统的教学方法。如果仍旧延续传统的教学方法来开展教学活动，则其他的改革效果很难获得，最终的结果就是流于表面。从客观的视角来讲，现阶段语言学课程的教学方法改革尚没有达到应该达到的程度，研究性教学虽得到了广大教师的重视，在实践中也取得了一定的改革成果，但整体上还处于起步和探索的阶段，理论化程度不高，效果不明显。因此，研究性教学活动的展开，有助于学生自主探究能力、自主分析能力以及创新创造能力的培养与提升，对于创新教学方法、提高教学效果是很有意义的。

（三）有利于学生更好地胜任基础教育语文学科探究性教学工作

随着《现代汉语教学大纲》的颁布与实施，现代汉语课程教学的目标被进一步地确定："遵循理论与实践相结合的基本原则，向学生讲解教授与现代汉语相关的理论知识，注重学生基础技能的训练和掌握，促使学生形成一定的汉语理解能力、汉语分析能力以及汉语应用能力等各个方面的综合能力，为学生今后的工作、学习以及研究等奠定基础。"语文课程的开设需结合目前社会发展的趋势和需求来进行，为社会的健康发展培养出大批优秀的创新型人才，体现教育的作用和功能。学生在学习语言文字的过程中需形成一定的探究意识，掌握提出问题、分析问题和解决问题的方法和技能。

在新课改广泛应用的背景下，语文学科探究性教学工作的开展对语文教师提出了严格的要求和标准。也就是说，语文教师应该是一个训练有素的人和很好的研究者，有发现问题的敏锐眼光，掌握了学术研究的基本过程和方法，具备一定的研究能力和研究性教学能力。部分语文教师并不具备较强的研究能力，对研究性教学的认识程度相对较浅，如果想顺利开展语文探究性教学工作，恐怕是有困难的。现在的学生是未来的教师，学生如果有从事语文探究性教学工作的意愿和想法，应该在实践中形成一定的研究性教学能力。也就是说，在语言学课程中开展研究性教学，对于学生将来更好地胜任基础教育阶段语文学科探究性教学工作是有重大意义的，是培养创新人才的有效路径和方法之一，应该引起教师和学生的共同关注。

语言学课程与研究性教学的相互结合有着重要的意义和价值，学生在过程中培养起来的创新意识和创新精神，受到的科学思维方法的训练，获得的实际的探索研究能力，对于学生在其他课程中的研究性学习，毫无疑问也是具有辐射和带动作用的。

第二节 高校语言学教学路径适用性功能

在高校语言学教学路径的全方位探究中，适用性功能的不断增强是关键，合理构建教学路径的重点则是功能性要素的组成条件。通过语言包含的人类属性的助力，应用语言学和社会现实密切融合，渗透于社会的各个层面，同时通过相关学科展开深入探究，所以科学范围在逐步拓展（陈伟，周维杰，2013）。结合社会指引性功能和社会导向性功能以及社会服务性功能要素，为语言学教学模式的发掘与研究带来了良好的支撑，为高等院校语言学人才的健康发展提供了重要支撑，从而为高校语言学教学路径构建方向的创新打下良好基础。

一、以模块化构建为新出发点提升语言学教学时代适用性

（一）功能型模块的潜在发掘，间接推动语言学教学适用性路径构建

教学路径的分析与演变，与功能化模块的不断改进有机融合，是充分展现语言学教学社会适用性功能，并与教学路径相结合的关键模式，体现适用性功能要素包含的重要作用性价值。对于功能性模块的相关要求，突

出了适用性功能要素的功能与重要意义，为语言学教学的社会适用性带来可靠保障。同时，结合社会引导性功能要素，深入探索教学的社会导向性价值与功能，推动高校语言课程教学适用性发展路径顺利构建（谢鹏璇，2015），从而改进高校语言学教学组织形式与教学方式，并推动语言学课程结构进行多样性发展，为教学路径研究带来有效、合理的适用性功能发展要素，对教学路径发展的新态势进行明确。

（二）作用性模块的具体补充，直接强化语言学教学适用性路径的发展

高校文化构建的核心内容应当是注重培养学生的语言能力（周建设，陈炳哲，2013）。教学路径适用性作用的深入探究，体现了作用性模块的弥补作用，社会性方向是主要趋势。作用性模块的构成要素大致包括：第一，社会引导性功能要素，凸显了语言学的社会运用方向的指引功能。第二，社会服务性功能要素，充分展现了语言学的社会适用状况，其全面促进了人才的社会化发展。这不但是全面挖掘教学适用性发展路径的核心功能要素，还展现了适用性功能的价值，可以有效缓解人才社会化与职业化发展层面的压力。

二、以时代社会性特征来表达语言学教学的社会引导功能

（一）以应用方向探索为基准，对语言学应用型引导作用进行深层挖掘

教学路径发展方向的多元化探索，其关键要素就是充分探究适用性功

能，这是教学路径指引作用的根本体现。面向语言学社会应用方向，展开深入研究，对语言学教学内容具有的作用价值与发展价值进行表征，并对教学内容的社会适用性与运用范围等构建合理评价过程，知晓适用性功能全面发展的主要价值与作用。在语言学不断发展与实践的基础上，把社会性发展态势作为教学路径发展的基本依据，将情景模式构建和语境建设作为适用性功能不断延伸的另一个目标。让语言学教学的社会引导功能更加详细，全面展现教学路径的应用性功能要素特点，新方向就是教学路径导向作用的快速演变。这可以为此类学科应用性导向功能的深入展现带来有效的助力，可以把语言学教学路径的创新和社会发展特质相结合。逐步通过应用型指引这一层面来构建、研究教学路径，对教学路径的社会适用性作用进行传达（颜奕，罗少茜，2014）。

（二）着眼社会语言应用趋势，对语言学教学社会性语境进行全面探索

社会语言应用的主体趋势研究集中展现了语言表述的艺术性、真实性特点，通过充分抒发内心情感，把语言交流和表达当作特定的艺术表现方式。在探索研究语言学教学路径相关要素时，以其社会性语境的建设为主要切入点，结合语境建设的相关因素，再进行深入探索与分析，可以全面促进教学有序、稳定发展。综合语言习得研究与社会化探索方式，主要围绕着文化与语言以及社会之间的交互关系而展开（魏惠琳，张福慧，2013）。全面发掘语境建设的相关因子，其组成部分大致如下：语言表述的情感真实性以及环境真实性。在这之中，环境的真实性构建，需要用人与人直接的沟通作为基本衡量参数，以此全面展现人才社会环境制约作

用。同时结合语言沟通互动中的情感导向，使内心思想能够通过语言模式进行充分沟通交流，让语言学教学路径向内心优化逐步靠近，为高等院校语言学教学创造适宜的新环境。这充分体现了语言学教学适用性功能研究中的社会环境优化和影响功能、社会引导功能，能够有效弥补教学路径发展中的语境要素，这是教学路径适用性作用演变的新态势。

（三）融合时代语言，表达新气息，构建语言学教学社会引导新功能

教学路径的方向性探索和时代性语言描述演变的新态势相融合，通过各个层面全方位发掘语言的艺术感。总结获得语言描述的时代性演变方式，为教学艺术引导性作用的全面表达提供了有效助力。教学的适用性作用要素研究，通过社会导向性功能的具体性展开全面发掘，以期为语言学人才知识的社会应用合理性提供可靠保障，并有效展现人才语言结构的严密性和语言表述的艺术性。在此情况下，为高等院校人才适应新的发展环境奠定基础，社会指引性作用的方向越来越清晰，借助心理指引与意识导向深入发展。突出在语言应用过程中人的认知主体作用，从而为展现学生主体能动性，优化教学效率以及外语教学模式做好铺垫（孙崇飞，张辉，2015）。高等院校语言学教学路径的组成要素应由普通传导性功能条件建设方向进行不断改进，教学路径构建的关键突破方向就是社会导向性功能要素和引导性功能要素。现阶段，高等院校语言学教学路径研究和发展的微观功能性要素可以进行有效深化，能够深入发掘社会性功能，其作用主要通过人才社会性演变的指引来呈现。

三、结合情景化特征，深入探索语言学教学社会适用性因素

（一）引进生活情境教学特征，使语言学教学活动贴近真实生活

教学路径的创建要素充分弥补了作用性要素和功能性要素，从而促进其教学路径的社会适用性功能的稳定、有序、健康发展。在此基础上，进一步引进生活情境教学特征，让生活元素在构建教学路径的过程中能够全面表现出来，让教学内容更接地气，从而为语言环境的创建夯筑良好根基。针对教学适用性作用的深入探索，充分发挥了社会指引作用和实践运用价值，使教学环境可以迎合具体实际要求，为语言交流的成效和语言表达的艺术性提供有力保障。高等院校语言学教学环境充分贯彻渗透了教学内容，让教学内容的应用过程越来越明确与具体，全面展现了教学导向功能，这是探索教学路径的重要组成部分，全方位拓展了教学内容的价值。根据深层次发掘此层面的阐释适用性作用，意味着教学实用性功能等能够得到深入研究与发掘，可以为教学路径的有序演变提供合理的功能性作用因素。

（二）突出情景交际教学特征，引导语言学教学走实用型发展新路线

结合适用性功能要素的深入发掘，强调教学情景模式的实用性与真实性，在课程教学中逐步强化对人才的浸润和影响，充分发挥教学环境在教学路径构建层面的积极作用。让语言学教学的实用型发展路径更详细、清晰，全方位展现情景交际教学路径中的社会导向、社会熏陶功能等，可以

为语言学教学发展带来强大的助力。同时，可以对适用性功能探究的作用进行强化，为教学路径的社会应用性目标和社会适用性目标的达成奠定坚实基础。在此状况下，高校语言学教学路径构建因素的摸索方向会发生实质性的变化，教学路径包含的社会适用性功能要素的探索可以与理想态势靠拢，满足优秀人才培养的实际需要。

（三）探索语言情景构建特征，为语言学教学构建现实性语言环境

探索语言情景创建特征要素需面向语言学发展特征，全方位探究文化传承和发展过程以及文化发展环境，并与教学路径的构建相结合。此举能够为实用性作用的文化发展性指引因素的功能表达带来相应助益，为合理构建语言环境提供有效支撑。因为这一特征要素的适用性作用的存在，专业基础课程需与教学路径的文化指引性功能要素相结合。对不同语言的传统文化传承的背景进行凸显，让传承的背景更清晰，对语言环境中的突出特征性要素进行深入分析，改变传统呆板机械的内容传输方式。主体是语言文化引导性作用要素，科学指引语言学的应用环境与适用范围以及背景，科学说明语言学的社会适用性作用，使教学路径紧紧围绕着现实性语言环境的变化规律，为教学路径研究与演变方向的创新和实践提供良好依据，让教学路径的社会发展氛围更浓郁，并向文化发展潮流倾斜。

（四）强调标准化实践情景特征，使语言学教学适用于环境新要素

教学路径的关键构成内容之一就是教学情境建设的标准化要求，以下是其表述的功能与作用：第一，实践内容具有一定的客观性，能够对语言

的主要运用环境进行呈现，并具有显著的应用环境的现实性；第二，相关活动的组织模式具有显著的多元化，能够迎合各个群体多种场合语言交际的具体要求，充分体现了语言学教学情境的实用性价值（李玉凤，2014）；第三，实践情景教学目标需拥有突出的明确性，让实践情景教学模式能够体现出人才社会适用性发展的主要价值。上述构成要素可以体现实践性情景教学的导向作用，为人才社会发展提供科学导向，让语言学人才在学习相关知识内容时能认识到仿真度较高的教学环境。教学路径中的适用性作用发展的基本条件是方向指向性作用、社会启发性作用，对语言学教学路径中的实践性应用环境进行创建，可为教学路径的科学构建打下良好基础，提供有利的条件。

第三节　高校汉语教学关系解析

一、汉语教学与道德教育关系论

汉语教学的要求主要包括：根据实际发展态势进行引导，通过汉语教学，展开思想教育，提升学生的思想品质，开阔学生的视野。这是我国高校汉语教学界达成的共识。高校汉语教学的优良传统与成功经验是文以载道 、文道统一。汉语学科的德育功能取决于该学科的工具性及其作为文化载体与素质教育载体的人文性；汉语教学的独特性意味着其包含大量的思想品德内容。在教学过程中，许多的人物形象与各种名篇佳作，经由教师绘声绘色的讲解和别具一格的教学方式传授给学生，使学生无不敬佩屈原“路漫漫其修远兮，吾将上下而求索”的气节，赞颂孔子“择其善者而从之，其不善者而改之”的精神，钦佩李白“安能摧眉折腰事权贵，使我不得开心颜”的品格，被范仲淹“先天下之忧而忧，后天下之乐而乐”的忧国忧民情怀所感动；使学生痛恨国民党反动派残害进步青年的无耻行径，为鲁迅笔下的底层劳动人民的悲惨命运而痛心……关键点就是，思想教育与汉语教学两者是辩证而统一的，不能将两者分开，应在教学中同步展开。明确思想内容和认知语言文字是同时出现的。汉语教学中的思想品德教育，应渗透在文字语言中，两者相互交融，在无形中让学生受熏陶、被感化。这是在汉语教学中实施思想道德教育的特征。其和政治学科的重说教、有规定与体系、喋喋不休的微言大义，存在显著区别。

二、汉语教学与审美教育关系论

高校汉语教学和审美教育有机融合，实施间接的审美教育，让学生在无形中受到真善美的熏陶，这是高校汉语教学的基本要求。中华人民共和国成立之后，高校汉语教学的发展告诉人们：提升大学生素质是系统工程。在汉语教学中渗透审美教育，对大学生素质进行不断优化，这是新时期需关注的一个议题。妥善处理汉语教学和审美教育之间的关系，需重点处理如下问题：第一，教学思想的认识问题；第二，教学中的人格美化问题。

（一）解决教学思想上的认识问题

（1）应当将汉语教学与审美教育相结合视作优化大学生素质的关键构成内容。大学生需拥有如下基本素养：审美创美素质、思想道德素质、健康心理素质以及科学文化素质。这些素质缺一不可。其中，审美创美素质主要有科学的审美理念、正确的审美情趣以及审美理想，并对审美创造力与审美感知力以及审美鉴赏力进行不断提升。

（2）应当将审美教育贯穿渗透于汉语教学中，当作是优化大学生素质的主要路径。席勒指出，人想要得到自由，需“由感觉的受动状态逐步转向意志的能动状态，需借助审美自由的中间状态来实现……总而言之，想让感性的人变得更加理性，没有其他方法，只有首先让其变成审美之人”。蔡元培指出，美育能够陶冶人们的情操，对其创造精神进行培养；

美化人生，忘记烦恼忧愁；改正生活的不良习惯，追求美的享受；拓展科学知识，增长见识，让人具有敢于奋斗的拼搏精神。以上均证实审美教育对人的和谐、健康成长具有良好的作用；能够引人向善，对其思想素质进行优化；既可以以美导真，提升人的文化素质，又可以让身体更加健康，优化人的身心素质。

（3）应当在汉语教育中实施审美教育，为大学生素质的提升构建适宜的环境。对于人的行为与思想而言，环境具有诱导的作用。在汉语教学中实施审美教育，有利于提升大学生的思想理念，构建和谐的舆论环境；能够提升自我控制能力，让心理环境更加健康；可以增强审美能力，为良好自然环境的创建打下坚实基础。

（二）解决课堂教学中的人格美化问题

（1）应当关注教师的人格美化。汉语教学中的审美教育，主要依赖汉语教材，属于特定的静态；通过教学实施审美教育，还离不开师生的协作，这是动态。静态储量的探索与发展，与动态运作质量具有紧密关系，因此教学中的人格美化是审美教育的必经途径。教师须发挥主导作用，为了形成独特的人格魅力，形成较强的磁场效应，教师应当具备较好的民主意识、教态和教学能力等，这样才算是真正的人格美化。

（2）须重视大学生的人格美化。学生主要发挥主动作用，为了让人格更美好，任课教师不仅要讲授汉语理论知识，还要将求美与为人的相关知识传授给学生，两者需同步开展。通过生活或者教材中包含的艺术美、自然美、社会美，以及人的语言美、心灵美等，让学生沉浸在人格美中，对其人格的独立性、高尚性进行提升。

一部分院校专门开设了审美教育课，强调大学汉语教学中不需要再渗透审美教育。这一观念是不正确的。不仅需要，还需借助课外活动与课堂教学开展合理的、立体的以及灵活的审美教育，但是要防止把汉语课变成纯审美教育课。

三、听说读写与思维能力关系论

高校汉语教学包括如下潜在要求：实施思维品质教育，明确适宜的思维方式，在听说读写相关活动中渗透思维能力训练，培养学生的思维能力，促进其全面发展。钱学森指出，人脑的思维过程是教育的最终机理。倘若读与听是输入信息，写与说是输出信息，那么，思维就是其出入的开关。对学生的思维能力进行强化，这是汉语教学的主要目标。张志公明确指出，思维能力是智力的重点。从这里可以看出，通过汉语教学培养良好的思维能力是非常重要的。思维能力的优劣，对听说读写能力的提升具有十分关键的影响。

培养学生的思维能力是充满艰辛的，因此无须太过看重系统化和理论化，应关注重点化与实用化，可以关注形象思维、逻辑思维、创造思维以及辩证思维这些最关键的东西，并结合听说读写的能力训练来展开。比如，在释词中提供相应的逻辑思维的定义知识；在文学创作中提供形象思维的联想知识；在口头辩论练习中提供相应的“对立统一”知识；在演讲中提供相应创造思维的发散与聚合思维知识。换言之，对学生实施听说读写的训练时，教师认为学生需要什么思维方式与理论，就提供相关方式与理论，并与听说读写训练有机融合，不能面面俱到地讲解空洞的理论知识。如果既具备良好的思维能力，又有相应的听说读写的能力，那么在人才市场上，这样的人才一定会成为企事业单位争抢的对象。

四、汉语知识与汉语能力关系论

汉语客观地具有一部分基本能力与基础知识。形成基本能力的重要前提是具有基础知识。部分专家同仁通过“二性”对其进行表述：能力的本位性和知识的基础性。

当代大学汉语教学主要包括如下层面：理论汉语教学和应用汉语教学。

大学汉语教学强调以“高中后”学生具体的汉语水平为立足点，复习既有的，延伸重要的汉语知识，推动知识逐步转化为能力，从而提升听说读写能力和思维能力，这样才能突破传统的高校汉语教学。根本不重视基础知识，单一地实施听说读写能力练习，这是急功近利的行为，结果可能缺乏后劲，是错误的。这些年，一些专家主要将广义语文（也就是人类语文）当作背景参照，集中阐述了汉语的客体知识、主体能力，同时确立了各个学段的汉语分支学科，主要有：大学后汉语文化、大学汉语文学、学前汉语言语、小学汉语文字以及中学汉语文章。

上述理论也有一定的道理。我国高校把学前的言语一直到中学的文章整合起来，进行巩固强化，并进行应用。不能割裂听说读写思这些能力，破坏该整体。这一方式是在现阶段大学生汉语具体水平的基础上形成的。叶圣陶先生指出，说就是用嘴巴写，听是通过耳朵来读，写是用笔说，读是用眼睛看。因此，它们之间是密切关联的。读和听是语言的认知与内化，写与说是语言的表述与应用。前者为“进”，后者是“出”，均是语言的表现形式，其实质与内容是相同的，属于特定的整体。要想有效提升听说读写能力，还需要良好的思维能力，但是部分高校在汉语教学中，不重视思维能力的培养。因此，须开展听说读写思的合理训练，缺一不可，否则，整体效应发挥不出来，教学效果也不显著。

提及听说读写思的整体问题，并不是说都要等量齐观，通过大学生的现状来看，他们听说读的基础较好，问题比较少，因此可原则上提出：不放弃听说读能力的培养，同时将焦点放在思、写上。

高校汉语教学，如果能够妥善处理上述关系，那么，可以获得令人满意的教学效果。毕竟这是带领中华民族走过五千年风雨的伟大母语。汉语是被用以创作唐诗和宋词等典雅文学的伟大文字，其不应在网络语言与外来文化的冲击中衰微，而应在高校教学的支撑与助力下，散发出更加耀眼的光芒。

第四节 高校语言文字研究性教学

研究性教学是与传统接受性教学相对而言的，其特质是教学中的“研究性”，是将研究引入教学，促进教学和研究深度融合。研究性教学可以有效培养大学生的实践创新能力，有助于大学生产生强烈的科学研究精神。随着时代的进步和发展，科技创新已经成为发展的主题，在高校“双一流”建设目标提出以后，研究性教学备受教育界的关注和重视。语言学的学科性质比较特殊，语言学课程地位也很重要。在语言学课程中开展研究性教学是可行的，也是有必要的，能够让大学生在学习研究语言学的过程中形成一定的实践创新能力，加快语言学课程教育教学改革的步伐和进程，对于人才培养质量的进一步提升有着重要的意义和影响。

一、研究性教学的特征和属性

不同学者对研究性教学的性质的认知和理解有着明显的差别，先后出现了各种理论学说，主要包括以下四种。

（一）教育（教学）理念说

这种观点认为研究性教学是一种新的教育（教学）思想或理念。例如，吴汉江指出："研究性教学的本质不是一种特定的教学方法或手段，是将教学理念应用在实践中的表现。研究性教学是一个相对宽泛的理论范畴。教学和研究虽然是两个不同的概念，但二者的本质是相同的。我们不能把教师当成搬运知识的工具人，而是教育指导学生掌握研究与学习方法的引导者。因此，研究性教学就是指教师根据教学目标与要求，积极引导学生主动参与实际的教学过程，激发学生对知识的求知欲和好奇心，是一种全新的教学理念。"

（二）教学模式说

这种观点认为研究性教学是一种新的教学模式。刘赞英、王岚、朱静然在《构建研究性教学模式的难点和突破口》一文中提出："按照教学论的说法和思想，研究性教学与接受性教学相比有着明显的差别。""就研究性教学而言，非常注重学生的知识获取，会引导学生表达自己的想法和观点，在研究与学习的过程中提出各种各样的问题，再对问题进行分析，然后获得解决问题的能力。相比之下，研究性教学模式实现了被动学习到主动学习的转换，是一种行之有效的学习方法。"

（三）教学方法说

教学方法说指出，研究性教学与其他教学模式相比是一种在课堂上开展研究性活动的教学。赵洪在《研究性教学与大学教学方法改革》一文中界定了研究性教学这一概念的定义，将其概述为一种特殊的教学方法。在文中，赵洪具体谈到了"案例教学法""基于问题解决的学习""基于问题的学习"三种典型的研究性教学方法，三者各有优劣。顾沛在《把握研究性教

学 推进课堂教学方法改革》一文中指出："研究性教学自提出以来就得到高教界的广泛关注，在教学实践中被推广和应用。研究性教学方法的改革与创新，离不开教师以及其他教育工作者的支持。"

（四）课程形态说

这种观点认为研究性教学是一种课程形态，主要是指基础教育阶段综合实践活动课程的研究性学习课程。2000年，教育部门正式下发《全日制普通高级中学课程计划（试验修订稿）》，其中把"综合实践活动"纳入中小学的必修课程。这种类型的活动涉及四个方面：一是社区服务，二是研究性学习，三是社会实践，四是劳动教育。之所以要开展综合实践活动，目的在于引导学生在学习的过程中做到实践与理论的相互结合，在亲身体验中接触丰富的知识理论，在实践中积累经验、总结教训，形成一定的实践能力和学习能力，并在目前的水平上不断创新。2017年，教育部门正式下发《普通高中课程方案和语文等学科课程标准》这一文件，其中针对综合实践活动课程设置14个学分，主要包括三个部分：一是学生的社会实践，二是学生的志愿服务参与情况，三是学生的研究性学习成果。就研究性学习成果来讲，学生可获得6个学分，基本的要求和标准是独立完成2个课题研究或项目设计，以开展跨学科研究为主。

上述关于研究性教学的4种性质之所以不同，实际上是从不同层面来理解的。教育（教学）理念说认为研究性教学是一种迥别于接受性教学的新的教育观念，是基于宏观视角对教学的认识和理解。这种思想通常表现出强烈的导向性，在教学实践活动的各个方面得到充分的体现。"将研究性教学融入到本科教学实践中，其目的在于帮助学生在学习和研究的过程中形成一定的创新精神，有助于学生自身实践能力的提升，是进一步提高本科教学水平的方法和措施。”研究性教学理念是否能够在实践中予以落实，取决于目前的教学规律和教学课程设计，只有尽快构建出一套完善的教学组织运行准则和机制，才能快速达成这一目的。由此可见，教学方法可以说是教学在微观视角的实践与应用。课程一直以来都被当成是教学过程的最小单元，是保证研究性教学目标得以达成的载体和平台，是影响学生实践创新能力形成与发展的关键。此外，研究性教学可描述为一种特殊的课程形态，以课程教学为载体来培养学生的综合素质和学习能力。上述说法和结论是分而言之，结合实际情况来讲，无论是教育（教学）理念还是教学模式，抑或是教学方法，三者在任何情境下都是互为一体的，我们在实践中很难对三者之间的关系进行细分。

二、研究性教学的名称

和“研究性教学”这一名称内涵相同或相近的表述有多种，如“研究型教学”“研究性（型）学习”“探究性（式）教学”“探究性（式）学习”。这些名称的使用在国家相关文件或学术探讨中不尽统一。研究性教学的名称可以从不同的角度分类，从主体的角度看，可以分为“教学”和“学习”两类；从研究的层次看，可以分为“研究”和“探究”两类。交叉组合后，一共就有四类。

（一）教学与学习之间的关系问题

大多数教学活动都由教与学两部分组成。站在教师的立场来讲，假设严格依据科学研究的规律，将科研引入教学，指导学生进行探索和研究，则是研究性教学；作为学生来说，需接受教师的专业指导，同时严格按照科学研究的要求和准则来实现自主研究，这种就属于典型的研究性学习。教与学之间的关系非常密切，相互作用，相互影响，缺一不可。在笔者看来，研究性教学与研究性学习相比看似是两个不同的概念，但其实是相同事物的不同表现形式，在本质上是统一的。

（二）研究与探究问题

高等教育和基础教育都可以开展研究性教学和学习，但在不同阶段教学目标、教学内容、教学要求等是不一样的。相对而言，高等教育阶段是专业学习，研究性教学的目标是要高于基础教育阶段的，科学研究的性质更强一些。因此，笔者认为高等教育阶段应用的研究性教学模式可以统称为规范的研究性教学，而在中小学时期阶段实施的研究性教学应称为探究性教学，以显示有所区别。

（三）研究性与研究型问题

研究性教学、研究性学习是从研究性教学或学习的性质和特征的角度而言的，研究型教学、研究型学习是依据其性质和特征而进行的归类，一是分类，一是归类（即符合研究性教学条件和要求的应称为研究性教学，满足研究性学习基本条件和标准的则称为研究性学习），二者在本质上不存在明显的区别。无论是“探究性教学”还是“探究式教学”，无论是“探究性学习”还是“探究式学习”，相互之间的关系都可以总结为分类与归类的关系，这点需要重点关注。

根据以上分析，为了减少不必要的混乱，进一步规范术语的运用，笔者建议，在高等教育阶段，只使用“研究性教学”和“研究性学习”等固定的规范术语，在中小学时期则需要运用“探究性教学”和“探究性学习”两个术语。本书研究的对象是高校汉语语言学课程的研究性教学问题，因此，选择“研究性教学”这一术语。

三、研究性教学的核心精神

关于研究性教学的定义解析，应基于多个维度和视角来进行。就当前而言，学者们尚未从政策的层面来统一界定研究性教学的定义。就研究性学习在政策上的解读与分析，可参考教育部门颁布下发的《全日制普通高级中学课程计划（试验修订稿）》：“研究性学习是一种基于学生自主和探索学习活动的学习方式，会根据学生的日常生活来筛选具体的研究课题，以独立或分组的形式来展开。学生在亲身体验的过程中积累学习的经验，从而产生科学的精神和思想，掌握丰富的理论知识和基础技能，在学习与实践的过程中形成一定的发现问题能力、分析问题能力以及解决问题能力。从研究性学习的层面来讲，教师在各个环节都扮演了重要的角色，既是研究性学习的组织者，也是研究性学习的参与者，还是研究性学习的指导者。”基于教与学之间的关系来讲，研究性学习可描述为一种由教师对学生进行指导和教学的学习方式。研究性学习的定义实质上也就是研究性教学的定义。但需要指出的是，上述定义是关于高中阶段的研究性学习的。大学研究性教学和高中研究性教学在要求和层次方面还是有一定区别的，前者科学研究性更强，更突出研究的成果和创新（这一点详见后文关于不同教育阶段研究性教学目标的论述）。

尽管研究性教学的性质有多种，名称多种多样，定义也有很多种，但其内在核心精神实质上是一样的，那就是教学中的“研究性”。“把研究性教学理念应用在本科教学阶段是一种行之有效的教学方法，如此一来教学与科研之间就构成了连接的关系。不得不说，这一教学方式是对传统教学方法的创新和改革，是围绕大学学术生态环境的变化规律提出的决策，随着这一教学模式的提出与应用，本科生正式成为新的学术共同体。按照这一教学模式的理论和思想，学生对知识的探究学习和教师对学术的研究逻辑保持高度契合，有效解决了教学与科研之间由来已久的矛盾和冲突，是科研与教学的相互结合，是对这一研究领域的创新和突破。”在任何环境和背景下，一旦教学与研究发生分离，就会导致教学实践演变为单纯的知识灌输和技能教学，使学生的心灵被异化，同时加剧教师内在的异化过程。也就是说，在不考虑学理分析或概念解读的情况下，在笔者看来，在教学实践活动的开展过程中融入“研究”的教学就是研究性教学。从相反的角度来讲，无论选择怎样的教学模式和教学方法，即便教学方法和模式非常新颖、有创意，或是具有丰富多元的载体，只要缺乏研究性，那就不是研究性教学。研究性教学的内在核心精神是教学中的研究性，研究性教学的其他特点或功能都派生于研究性这一特质。

为了防止认识的模糊影响实践，需要对教学中“研究”的特殊性展开深入的讨论和探究。从教学实践的层面来讲，“研究”之所以特殊，是因为两点：一是研究的教学性，二是探究的研究性。教学性可描述为研究和教学之间存在密切的关联，任何研究活动的开展都是为教学服务。研究和学习要有机结合，在学习中研究，在研究中学习，润物细无声，从而实现学生理解掌握知识和获得科研创新能力的教学目标。偏离了教学，就会侧重于研究或变成了纯研究，导致学生对知识的掌握、理解以及运用等受到直观的影响，从而加剧学生在学习过程中面临的压力和负担，最终会导致学生过早地对研究性教学丧失兴趣。研究性指的是研究性教学中的研究和科研工作者自身开展的研究，仅仅指的是表现出一定研究性质的研究活动。假设进一步提高标准和要求，严格按照科学研究的条件和水平来指导大学生，教师必然会对学生的研究成果提出怀疑或表达不满，时间一长对研究性教学的兴趣和信心就会有所消磨。在日常工作实践中，大多数教师都曾表达过类似的观点和想法。在他们看来，研究性教学在实践的过程中会面临诸多的困难，仅仅依靠学生很难获得研究成果。就本科生而言，在这一群体内部推广研究性教学的策略和方案是不可行的。由此可见，我们应该对研究性教学的性质和特征进行概括和总结，主要涉及“教学性”和“研究性”两个方面。只有对研究性教学的特点和规律有准确的认识和理解，才能在本科生群体中开展研究性教学的实践活动，从而得到教师和学生的认可。

每个人心灵中都有一颗创新创造的种子，只是因为环境的原因，长期缺乏阳光的照耀必定会影响种子的生根发芽。总而言之，研究性教学是激发学生对科研和学习的兴趣与热情的手段和方法，我们应该给予绝对的支持和认可。

四、语言学课程研究性教学的构想

目标是前进的方向，思路是实现目标的云梯。在语言学课程研究性教学实践的过程中，确定了各个层次的研究性教学目标，围绕问题的提出、分析与解决为中心，提出与研究性教学相符合的思路和方法。

（一）语言学课程研究性教学各个层次的目标确定

通常来讲，我们会从三个层次来确定研究性教学的目标，即科研的思想意识、科研的过程方法以及科研的成果与创新。对于语言学课程来说，同样要努力实现这三个层次的目标。结合语言学这一学科独特的教学特征，依据语言学和专业人才培养之间的关系，这三个目标具体表现为如下几个方面。

1. 培养语言学研究的意识和思想

语言与我们形影不离，鲜活而丰富。但是，语言的结构规律是隐性、抽象的，看不见，摸不着，对学生的感知力和思辨力提出了一定的要求。只有具备这些能力，才能对语言的本质和特点有深入的理解和认知。这里我们从两个层面来讨论语言学研究的思想意识，一方面基于思想的层面来探讨语言学研究，另一方面基于意识的角度来论述语言学研究。

● 基于意识来讨论语言学研究

培养学生语言学研究的意识，首先就要训练学生对语言的敏感性，能从寻常的语言现象中看到语言的本质；其次要训练学生语言学研究的问题意识，能从司空见惯的语言现象中看到问题之所在。创新的核心是什么？就是运用已知，不断地发现和解决那些尚未解决的“问题”。所以，培养学生的“问题意识”，是培养学生创新精神和能力的根本。发现问题，提出问题，以问题为先导，既是学科研究的起点和不断发展的创新点，也是转变课堂教学模式的有效方法和措施。如今，互联网在各个领域得到广泛的应用和普及，各种各样的网络流行语铺天盖地地席卷网络。这些网络用语表现出较强的生命力，我们可以通过研究性教学来了解其出现的根本原因，总结其特点和规律，探究这些网络用语的流行会对现代汉语的发展造成怎样的影响。教师在教学中可以就网络用语问题展开研讨，以培养和激发学生的语言学研究意识。

● 语言学研究的思想

语言学研究的意识是一种朦胧的感觉和冲动，尚不是自觉的状态。语言学研究的思想是语言学研究意识在语言运用中的体现和表达，是基于语言感性认识的理性分析，是自觉性的。语言学可以分为理论语言学、描写语言学和应用语言学等不同类型，各自有着相应的适用范围和对象。就理论语言学而言，非常重视对语言一般理论问题的研究与探索；以描写语言学为例，则关注对语言结构和排列组合的表达和呈现；就应用语言学来讲，则强调语言在不同领域的运用和发展。由此可见，培养学生语言学研究的思想，就要努力培养学生从语言现象中获得启发和理解的能力，能够在各种复杂的语言事实中找出语言的结构特点和变化规律。随着应用语言学的发展，更要引导学生关注现实语言生活的变化和发展，给学生一把能够开启语言应用大门的钥匙，帮助学生在针对语言实际应用规律进行研究的过程中形成独立的思想和意识。在时代快速发展的今天，各种各样的新词语在不同领域不断涌现。2009年，全国各地的城市房价呈现一路攀升的趋势，在这个过程中建筑的质量问题也被挖掘出来，由此出现了一些新词语。《2009汉语新词语》针对涉及房屋质量问题的新词语进行了整理和归纳，共包括以下14条：楼抱抱、楼断断、楼高高、楼薄薄、楼晃晃、楼靠靠、楼垮垮、楼裂裂、楼酥酥、楼歪歪、楼斜斜、墙脆脆、楼脆脆、屋漏漏；反映桥梁质量的新词语4条：桥裂裂、桥糊糊、桥塞塞、桥黏黏。这些新词语的产生，有其特定的背景和原因，其中也有一定的规律。它们丰富了汉语的表现力，很值得分析和研究。从语言学研究的思想出发进行综述与分析发现，随着新词语的出现，我们需要针对这些词语产生的根本原因和规律等进行探究，并研究这个过程和汉语词汇发展之间的关系，具有重要的研究价值和教育意义。

2. 掌握语言学研究的过程和方法

语言学课程的研究性教学需要通过系统训练，只有这样才能确保学生对语言的性质有充分的了解，对语言学的研究流程和方法等有准确的把握和应用。

● 语言学研究的步骤和内容

就科学研究而言，其基本过程有很大的共性。语言学研究和其他科学研究一样，基本的研究过程也是发现问题、分析问题和解决问题等。不过，由于研究对象的差异，语言学研究的过程表现出一定的独特性：问题是隐性的，需要有强烈的问题意识，刨根问底，方能提出问题；分析解决问题，需要研究者亲自来整合语料，对语言事实和现象进行调研和考察，否则很难给出客观准确的解释。科学研究的能力来自研究者的研究实践，是通过艰苦求索而形成的能力，任何投机取巧的行为都是不切实际的。因此，在研究性教学实践中，要十分重视研究过程的训练，要在研究过程中养成实事求是的科研作风和科研品格。

● 语言学研究的方法

语言学研究的方法多种多样，可归纳总结为两大类：一是数据法，二是思维法。语言学研究基本的数据获取方法，有观察收集、田野调查和实验分析等。就研究的思维方法而言，通常可划分为两种，一种是问题的分析归纳法，另一种是问题逻辑关系的演绎推理法。就分析归纳法而言，研究者需采集丰富的语料事实，通过整合、对比与分析以及抽象化处理，来找出具有普遍性的语言结构规律，由个别到一般，如描写语言学研究方法。而演绎推理法则强调借助逻辑思辨能力来对原理、规律等进行具象化处理，从而获取最终的推理结论，对语言的内在特点和规律进行构拟和表达，是一种生成各种语法的应用广泛的研究方法。从实践应用的层面来讲，无论是分析归纳法还是演绎推理法都可尝试进行相互的融合，二者的适用对象和范围没有明显的差别，仅仅是各有所侧重而已。除归纳和演绎两种基本思维方法外，语言学家还提出了溯因推理这一极具创新性的研究方法。霍珀、特劳戈特在《语法化（第二版）》中明确强调，大多数逻辑学家在探究问题的过程中会用到归纳和演绎这两种行之有效的推理方法。假设人类语言属于典型的人工语言，则仅仅运用归纳和演绎等思维研究方法就能获得推理结论。不过，人类语言在大多数情况下并非是人工语言，归纳和演绎两种推理并不能充分地说明间接性、表达性和发展变化等问题。因此，就需要考虑皮尔斯提出的第三种推理——溯因推理。溯因推理对于研究语言变化的意义和价值可参考安德森提出的理论学说。虽然溯因推理和归纳推理之间容易出现概念的混淆，但溯因推理和归纳推理相比是两个截然不同的概念。就溯因推理而言，指的是从一个可以观察到的结果出发，按照某一特定的规定和规则，来获得推理结论。假设“苏格拉底死了”是一个既定的事实，那么这一事实和“所有人都会死”这一规则之间就建立了必然的关联，也就是说“苏格拉底是人”。就溯因推理而言，即便前提是已经发生的事实，也无法保证必然正确的结果。

人们在某些情况下会按照规则来匹配不正确的结论：苏格拉底可能不是人，而是一只蜥蜴。尽管溯因推理是一种弱推理，但是皮尔斯对之很感兴趣。在他看来，它是人类洞察力形成与发展的前提，是获取新思想而进行的推理和思考。语言的发展有着一定的动态性，无论是词汇化还是语法化都可以当成是语言发展和进步的外在表现。我们在针对语言过程和规律进行研究和探索时，除归纳和演绎两种基本思维方法外，就很需要溯因推理这种思维方式。

3. 语言学研究的创新与发展

随着研究性教学在大学生群体中的展开，学生的研究思想和意识初步形成，对各种不同的研究过程和研究方法有了一定程度的了解和把握，只有这样才能获得新的研究成果。

- 语言学研究获得的成果分类

语言学研究可获得丰富的成果，包括理解和解释两个部分。从研究内容、范围和主题的层面来讲，学生参与了研究的全过程，最后对所研究的问题有了较为深入的理解，这就是理解层面的研究成果，解决“是什么”和知识消化的问题。学生通过广泛查阅资料，或深入调查研究，能对研究的问题做出科学合理的解释，并采用适当的形式完整地表达出来，这就是解释层面的研究成果，解决“为什么”和知识发现的问题。实践教学中，可以循序渐进，初期或低年级从理解层面提出要求，之后逐渐过渡到从解释层面提出要求。

- 语言学研究的创新

创新的目标相对要高一些，学生不仅加深了对问题的理解，或是对问题做出了科学合理的解释，而且在研究性教学的过程中有所发现，得出了与现有认识不一样的结论，提出了新的结论或观点，或是采用了新的材料或方法，进一步对提出的观点或理论进行验证和分析。由此可见，对研究性教学取得成果或创新的探究与讨论，应该围绕学生为中心，考虑学生的实际情况和发展需求，对最终的研究成果或创新给出客观的评价和论述，秉承实事求是的基本原则，避免人为上的拔高和虚假。作为学生来讲，只要加深了对问题的理解，或采用了恰当的方法去分析论证问题，对研究过程有了真实的体验，即可认定研究性教学在实践中获得了一定的成果或创新。

这里重新划分了语言学课程研究性教学的目标层次，将研究性教学活动当成独立且复杂的过程，确保研究性教学活动开展的过程中可以充分体现相应的教学目标。结合实践来讲，基于学生层次的不同，可以有所侧重，如对于基础好也有志于继续从事语言学学习和研究的，可以三个目标都有所要求，重点放在取得成果和创新方面，而对于其他学生，则可以侧重于前两个目标，对第三个教学目标的要求适当放低。这样处理，就进一步增加了研究性教学的针对性和灵活性，有利于因材施教，也有利于扩大学生的参与面。

学术研究，从最初的选题到具体研究，再到研究成果的取得与创新，事实上是一个长期的、艰难的过程。吴礼权教授曾就自身治修辞史的体会和感悟进行详细的概述和表达，对于研究性教学和科学研究的相互融合有着一定的启示意义。下面以吴老师关于其修辞史研究的实践与体会来进一步例证和诠释研究性教学的目标问题。涉及汉语修辞史的研究在目前看来还是过于薄弱，有加强的趋势。不过，“针对汉语修辞史的研究与探究并非一朝一夕能够完成的学术研究工程，需要投入大量的人力、物力和财力，作为个人或团队想要独立完成这一任务基本不可能”。在外部环境已知的情况下，如何选题、如何研究、怎样获取创新性的研究成果，需要研究者们展开深入且细致的研究。在吴老师看来，一方面要“知己知彼，量力而行”，另一方面要“找准方向，做细做深”。所谓“知己知彼，量力而行”，就是对自己的学术能力和专长有准确的认知和把握，根据自身的实际情况来选择适合的研究课题。吴老师曾对中国古典小说进行过专题研究，出版了《中国笔记小说史》《中国言情小说史》等极具代表性的学术专著和文学作品，对中国古典小说作出了详细的介绍和概述，引人入胜，给我留下了很深的印象。吴老师在研究中并未选择所有的中国古典小说来展开研究，恰恰相反，他只针对传奇小说与话本小说进行研究和探讨。为什么这样选择呢？吴老师指出，之所以会这样选择，是因为这两种古典小说目前留存的作品数量相对较少，可针对其展开深入细致的调研和考察，便于后续的定量分析。什么是“明确方向，严谨细致”，“指的是在研究汉语修辞史等文学作品时，应找出最优的研究课题，既要保证研究的可行性还要挖掘作品的价值，‘开口小，掘进深’”。吴老师认为，学界对古典小说的研究由来已久，在长期研究与发展的过程中获得丰富的研究成果和结论，不过涉及篇章结构修辞史的研究相对缺乏，可供参考和借鉴的研究成果屈指可数。如果可以从这一角度来展开研究，那么最终获得的研究成果就能作为古典小说研究与发展的参考依据，具有重要的研究意义。

吴老师在研究的过程中尝试使用“解剖麻雀”的方法和模式，“在传奇小说与话本小说的基础上对其文体展开深入的调研和考察，获得丰富的统计数据，作为研究篇章结构修辞模式变化与发展的参考资料”。正是方向找得准，又做了如此精深的研究，所以，研究成果《古典小说篇章结构修辞史》“得到审查委员会的高度认可，肯定了这一研究成果的学术价值”。结合吴老师治古典小说篇章结构修辞史的成功经验和切身体会可以看出，如果教师能正确指导学生根据自身的实际进行选题，找准研究方向，并做精深的研究，那么，经过这样一个过程，学生在科研的思想意识、过程方法以及成果等各个方面都有一定的进步和发展，从而促使学生形成一定的科研能力。

（二）研究性教学的路径和方法

研究性教学的开展包含多种不同的模式。以问题为中心的研究性教学，围绕问题这一核心，以寻找发现问题为起点，以分析问题、解决问题为过程和终点，目标明确，路线清晰，易于操作。随着问题的不断发现与解决，学生能很好地体验到研究行进的历程，获得强烈的成就感，因此参与的过程中会表现出高涨的热情和积极性。一些专家指出，研究性教学的关键在于问题的提出、分析与解决，通过开展一系列的课题研究活动来完成知识和技能的传授，将其视为问题提出、问题分析以及问题解决的完整的过程。学生在这个过程中进入到教师创设的问题情境中，通过自主地思考和探究来找出解决问题的方法，从中获得满足和喜悦。笔者基于以问题为中心的研究性教学模式，以问题为中心，沿着问题的提出、分析、解决及进一步升华、延展的路线展开，同时紧紧扣住语言学学科和课程的性质，把语言学的研究路径融入问题的提出与解决这一路线之中，形成一明一暗两条推进线索，构建了以问题为中心的语言学课程研究性教学模式。另外，研究性教学毕竟是教学，需要契合学校的环境和特点，遵循教育教学的规律。因此，在构建、运行以问题为中心的语言学课程研究性教学模式的过程中，笔者扎根校园，希望能够摆脱校园围墙和实体空间的局限，使之延伸到广阔的语言生活和虚拟的网上社区。

1. 以问题为中心的推进之路

“创新其实是一个发现问题、构思创意和解决问题的过程。提升创新能力必须重视创新过程的三个方面。”在实施以问题为中心的研究性教学时，也需遵循最基本的以问题为中心的创新过程。

● 提出问题

只有不断地提出问题，才能实现创造与创新。纵观人类科技的发展历史就能得出一个结论，任何科学发现和技术发明的产生都离不开问题的提出和发现。在提出问题以后，人们才会对问题的本质和规律进行分析，从而对科研产生浓厚的兴趣和热爱。在开展研究性教学活动的过程中，就怕学生自己提不出问题。为了突破“提不出问题”对科研的约束和桎梏，促使学生形成发现问题的基础能力，需做到以下两点：一方面，由教师创设问题；另一方面，由学生在教师的启发和引导下找出问题。

● 分析并处理问题

问题的分析与处理对于研究性教学活动的有序开展有着至关重要的意义，可培养训练学生的科学思维习惯，让他们掌握科研的过程方法，获得科研创新的能力。因此，实施研究性教学，要注重问题的分析和解决。因为分析问题与解决问题很多时候是融合在一起的，很难分为清晰的前后相继的两个过程，同时为了操作的便利和易于表述，所以本书把问题的分析和解决融合为一章，即第六章。

下面以教学中的实际问题为例，对问题的发现、提出与分析、解决做一例证和说明。现代汉语教材和修辞学著作多使用“顶真”这一名称，定义中还会出现“蝉联”一词，如黄本《现代汉语》的定义：“用前面的结尾来当成后面的开头，起到承上启下的作用，这种辞格被称为‘顶真’或

‘联珠’。”陈望道在《修辞学发凡》中界定了顶真的概念和定义：“顶真的前后结尾和开头相互连接的一种措辞法。”这里提出问题，“顶针”和“顶真”是两个不同的概念吗？“顶真”所要表达的意思是什么？“头尾蝉联”中用到的“蝉联”一词经常出现在现代汉语中，词的意义也相对明晰，但将其命名为“蝉联”的初衷和意图是什么呢？以上提及的问题都需要进行深入的分析，然后给出相应的解决方案。

“顶真”辨析

“顶真”和“顶针”的概念解读与对比

就顶真而言，《现代汉语词典》（第6版）的解释如下：

顶真[1]：〈方〉指的是认真的意思：他面对大事小事都非常顶真。

顶真[2]：一种特定语境中运用的修辞方式，起到承上启下的作用，一般由三项或更多项组成。如“门外有条街，街内有个巷，巷内有座庙”。也作顶针。

可以看出，意义为“认真”的顶真[1]与意义为“修辞方式”的顶真[2]意义上没有联系，顶真[1]与顶真[2]是同音同形的两个词。另外，对于意义为“修辞方式”的顶真[2]，《现代汉语词典》（第6版）上也只是解释了这种辞格的特点，至于为什么命名为“顶真”则未做出解释。再看《现代汉语词典》（第6版）上对“顶针”的解释：

顶针：同“顶真[2]”。顶针：（～儿）妇女们在干针线活儿时经常使用的保护工具，避免手指被针扎到受伤。

结合以上研究结论可以看出，《现代汉语词典》（第6版）认为义同顶真[2]的“顶针”和“妇女们在干针线活儿时经常使用的保护工具”的“顶针”是同一个词语，相比之下二者之间存在一定的关系。

“顶针”的由来

顶针儿也被称为顶箍或针箍，一般在缝纫时使用，通过与针鼻子的接触和固定来保证针易于穿过缝纫的活计。在缝纫一些质地较硬或比较厚的东西时离不开顶针儿，也可作为纳鞋底的工具。

顶针儿的由来包括两种解释，一是固定针鼻的东西称为顶针，内部结构上是动宾关系，如同“司机”“司令”一类词，意义上转指“司”“机”的人（即“司机”）、“司”“令”的人（即“司令”）；二是顶箍与针的合称，内部结构上是并列关系，意义上是偏义复词，如同“窗户”“动静”等词一样。不管作何理解，缝纫时顶针儿会固定针鼻，这是毋庸置疑的。顶针儿和针鼻子相互连接，这一动作或现象与“顶真”这种修辞行为或辞格特点是非常相似的。正因如此，可以用“顶针”来形象地指称“顶真”这种辞格。

通过国学大师网全文检索，“顶真”这种修辞行为或文字游戏一直有“顶针”“顶真”两种写法，略举几例如下。

（a）十八公亦慨然不辞道：“春不荣华冬不枯。”（《西游记》）

（b）题花道：“此令也无可宣。就从妹子说一句书，无论经史子集，大家都顶针绪麻依次接下去。假如我说‘万国咸宁’，第一字从我数起，顺数至第四位饮一杯接令。”（《镜花缘》）

（c）难得一身好花绣，拆白道字，顶真续麻，无有不能，无有不会；亦是说得诸路乡谈，省得诸行百艺的市语。（《水浒传》第六十回，吴用智赚玉麒，张顺夜闹金沙渡）

（d）狄希陈说：“我不合你‘打虎’。你哨起我来了！我合你‘顶真绩麻’，顶不上来的一钟。”（《醒世姻缘传》）

在检索的过程中，在数量上“顶针”多于“顶真”。虽然“顶真”辞格可以有“顶针”“顶真”两种写法，但表示“认真”意义的“顶真”只有“顶真”一种写法，未发现“顶针”表示“认真”意义的。

综合以上分析，“顶真”这一辞格名称，从造词理据角度看，应写作“顶针”。“顶针”之所以用来指称“顶真”这种辞格，是因为缝纫的过程中发生的行为动作类似这种特殊的修辞行为，此外二者还是同音词。

“蝉联”辨析

“蝉联”的造词理据

“蝉联”一词，现代汉语比较常用。《现代汉语词典》（第6版）的解释是：

连续（多指连任某个职务或继续保持特定的荣誉）：蝉联最佳运动员。

“蝉联”的出现可追溯到王力、岑麒祥、林涛等编著的《古汉语常用字字典》（第4版）的解释：

[蝉联]连续不断的样子。左思《吴都赋》：“～陵丘。”

“蝉联”为什么能表达“连续”的含义？主要有以下两个原因。

（a）“蝉联”是并列结构关系。《汉语大字典》（缩印本）的解释是：

连续不断。如：蝉联。《方言》卷一：“蝉，续也。”《玉篇·虫部》：“蝉，蝉连系续之言也。”

《汉语大字典》（缩印本）引用《方言》和《玉篇》上的解释，认为“蝉”有“续”的意思。因此，“蝉联”一词是“蝉”和“联”两个同义语素的并列关系。

（b）“蝉联”是偏正结构关系。“蝉联”，从字面上看，应该与“蝉”这种昆虫有关。王艾录、司富珍《语言理据研究》引用了有关解释：

蝉联，有学者解释为：蝉成虫后交尾，雄者交尾后立即死去，雌者产卵后也接着死去，其间不过两三周。“蝉联”的连续相承之义本此。

但有学者却解释为：当蝉的幼虫不断长成成虫的过程中，其躯体有了新的延伸，因此可称为“蝉联”。

百度百科中这样描述：

蝉联：表达连续相承的含义。蝉的幼虫通过汲取土壤中的汁液来发育成长，在变成成虫以后，蝉壳褪去，飞上树枝。蝉联之所以表达“连续”的含义，来源于蝉的特点，向我们展示出固定的偏正关系。

就第一种解释而言，“蝉”为何有“续”的意思，《方言》和《玉篇》并未做出有理据性的解释，《说文解字》对“蝉”的解释也只是“蝉，以旁鸣者”。就第二种解释而言，并未提供充分可信的语源依据，有“在并未明了语词的真实理据的情况下而猜测或杜撰出来的”望文生训之嫌。

与“蝉联”同源的词语

与“蝉联”音同（音近）义通的相关词语还有一些，例如：

“婵联”“婵连”

“蝉联”，《汉语大词典》（缩印本）注曰：“婵连。”参考李建廷的《魏晋南北朝碑刻连绵词同词异形现象研究》等文献资料发现，“婵联”使用四次，“婵连”使用两次（“蝉联”使用十八次，“蝉连”使用一次）。例如《元详墓志》：“婵联万祀，缅邈百王。”《张起墓志》：“至如继轨婵连者，嗟不可而言矣。”

繟联

《汉语大字典》（缩印本）“繟”字头下的解释如下：

《说文》：“带缓也。从糸，单声。”

chǎn《广韵》徒干切，平寒，定，又昌善切。元部。①宽松的丝带。②舒缓；坦然。

[繟联]连续不绝貌。《集韵·仙韵》："繟，繟联，不绝貌。"

通过《汉语大字典》（缩印本）的解释可以看出，"繟联"之"繟"与"繟"的本义"带缓"之间没有直接联系。

《汉语大词典》中"蝉娟""婵媛""蝉嫣""婵娟"这几个词的相关释义如下：

[蝉娟]蝉，通"婵"。犹婵娟。情思牵萦。唐高适《塞下曲》："荡子从军事征战，蛾眉蝉娟守空闺。"

[蝉媛]情思牵萦。蝉，通"婵"。唐陈子昂《祭外姑宇文夫人文》："女也蝉媛，终天永诀。"

[蝉嫣]连续不断。《汉书·扬雄传上》："有周氏之蝉嫣兮，或鼻祖于汾隅。"颜师古注引应劭曰："蝉嫣，连也，言与周氏亲连也。"

[婵娟]形容姿态美好。古诗文里多用来形容好，也形容月亮、花等。

通过上述释义可以看出，"蝉娟""婵媛""婵嫣"三个词都表示"连续"一类的意义。另外，《汉语大词典》（缩印本）还有释为"娴雅貌""飞腾貌"的"蝉娟""婢娟"，还有释为体态（姿态）美好意义的"蝉娟""婵娟"等词。综合以上分析，可知与"蝉联"音同（音近）义通的这些词，实质上是同源词。从结构上分析，它们应是叠韵联绵词，"蝉联"一词中的"蝉"与昆虫义的"蝉"没有关系。

通过以上分析，"顶真"这种辞格为何叫"顶真"，以及"蝉联"的得名因由就基本清楚了。

2. 语言学研究的推进之路

在问题的发现提出、分析解决这一主线下，本书把语言学研究的基本进路贯穿于其中。语言学研究最基本的方法是分析归纳和演绎推理。分析归纳是在大量语言事实的基础上比较、分析，得出结论，因此，语言事实是前提。选择语言事实有两个基本视角：一是历时性的语料，二是共时性的语料。因此，在第五章中，本书提出从深度阅读语料和关注现实语言生活中发现值得研究的问题的方法。对于科学研究来说，理论既是研究的指导，更是生发新问题、激发新观点的导火线，研读理论文献也是一种重要的发现问题的方法。

对于解决问题来说，主要有两种方法：一是查阅文献资料，二是开展社会调查。查阅文献资料，既可以找寻到解决问题的理论依据，也可以找寻到佐证的事实依据。现实的语言生活中，既有普通话，也有大量的方言；有的以书面语形式存在，有的存在于老百姓的日常口语中。因此，要回答解决语言中的一些问题，就需要采用社会调查的方法，去寻找证据。当然，语言的发展是一个长期渐变的过程，语言研究还需要把现实的语言现象和古代的语言现象结合起来研究，普、方、古三个视角综合，以参透语言发展演变的规律与机制，对有关问题做出全面、科学的解释。

五、研究性教学延展的意义和途径

（一）研究性教学延展的意义

1. 有利于串联起各种教学活动

目前高校普遍存在这样两种现象：一是学校的不同领导分别负责各项

工作，二是第二课堂的教学实践活动被归入团委等各部门。这种教学管理模式不利于提高教学效果和人才培养质量。在已有研究性教学的基础上，把研究延伸、拓展到科技文化活动、学科竞赛、科研项目等领域，在保证科研创新的同时，构建一体化的教学管理体系，确保第二课堂的功能和作用得到充分的体现和发挥，为人才培养质量的进一步提升创造有利的环境条件。

2. 有利于获得真正的科研能力

科研能力的获得靠外在的说教和指导是根本无法奏效的。科研能力必须是在真实的研究过程中，通过苦闷挣扎、体验内化才能获得的。为了一个问题，只有经过了“衣带渐宽终不悔，为伊消得人憔悴”的历练，方能获得“蓦然回首，那人却在灯火阑珊处”的会心一笑。因此，研究的持续和发展是培养学生各方面能力和素质的必要条件，只有这样，学生才能在参与研究实践活动的过程中形成一定的科研意识，具备较强的科研能力。

3. 丰富教学成果

研究性教学和课程教学实践之间有着必然的影响关系。由学生主导的研究通常相对粗糙或不严谨，研究成果的质量不高，方向感不强。在已有研究的基础上，引导学生在现有教学科研活动的基础上展开深入的研究和探索，可获取时间、精力和经费的保障，也对学生具有一定的约束和鞭策作用，学生往往能坚持到底，对于研究成果的获得有积极的意义。

（二）研究性教学发展与创新的路径

研究性教学和其他教学活动的开展之间存在密切的联系。在实践中，结合教育教学、第二课堂科技文化活动和实习实训等，为研究性教学的延展与创新奠定基础。

1. 延伸为毕业论文

在毕业前夕，教师免不了要对学生的毕业论文进行指导，既耗时又耗力，同时学生完成论文的质量有时还不高。因此，好多教师都希望学校取消毕业论文或对本科生是否有必要做毕业论文提出质疑。学生论文质量不高，原因很多，其中一个重要的原因是学生并未重视日常的科研训练，到大四时在短时间内去完成毕业论文，规范性不够、质量不高也就在所难免。

因此，在平时的研究性教学中，不仅要注重研究性教学成果的总结，要求学生按学术论文的格式规范总结研究成果，撰写成小论文，更要注重在研究性教学的基础上指导学生进一步扩大范围，结合经济社会发展的实际确定选题，延伸研究，为毕业论文的顺利完成做好准备。由此一来，学生就能在日常学习和研究的过程中完成毕业论文各个环节的工作任务，既解决了毕业论文匆忙准备质量不高的问题，也提高了研究性教学的品位，由训练走向研究，这样一般会取得很好的教学效果。

词汇结构关系问题是《现代汉语》“词汇”一章的重点内容，教师一般都会花很多精力去引导学生学习掌握。但教材在“成语”一小节只谈到了成语的来源问题，却没有谈到成语的结构问题。成语是历时形成的，有的长度增加了，有的是压缩的结构。因此，内部结构关系更复杂，如“唇亡齿寒”“宁为玉碎，不为瓦全”的结构关系该怎样来描述和表达呢？这几个成语内部的结构关系类似于复句的复合关系。考虑到这一点，笔者将通过研究性学习来研究成语的内部结构及相互之间的关系，严格按照成语词典的规定和要求来对某些成语展开对比和分析，明确告诉学生，可以在此次研究性学习的过程中尝试使用不同的研究方法，通过成语的整合与归纳来延伸研究的范围和层次，完成毕业论文。后来有的同学继续进行研究，以《成语结构关系研究》为题写成了毕业论文，成语内部结构之间的相互关系进行了深入的探究和思考，为成语内部结构关系这一课题的研究与探索提供了重要的理论依据。

2. 参加学科竞赛

学科竞赛不仅是课堂教学的延伸，更是课堂教学的提升。“组织大学生参加科研竞赛，从实质而言就是旨在提高大学生创新能力而开展的一系列研究性教学活动。”学科竞赛成绩可作为评价教学水平的依据，相比之下国内的各大高校都非常关注学科竞赛等活动的主持和展开。以“挑战杯”为例，被当成是现代教育背景下大学生科技创新与发展的奥林匹克盛会。“挑战杯”大学生课外学术科技作品竞赛的作品数量较多，种类复杂，整体上可归纳为三大类：第一类是社会调查报告以及与之相关的学术论文；第二类是自然科学以及相关的学术论文；第三类是科技发明。研究性教学可以以“挑战杯”大学生课外学术科技作品竞赛等为导向，在前期研究的基础上，深入研究，形成调查报告或学术论文参赛，努力提升研究性教学的档次和成果质量。

地名的形成由来已久，“并非在短时间内发生的变化，凭借自身具备的延续性和稳定性来对文化发展的过程和趋势进行还原”。地名可作为研究、了解不同地方各自历史文化景观形成与演变的依据。以巢湖市为例，其在古代被叫作“居巢”“南巢”。其中，“成汤放桀于南巢”即出于此。巢湖市地处长江一侧，有着极其复杂的流域，拥有丰富多元的水文化，当地的地名基本都和水有一定的关联。《巢湖志》中有云：“山有二泉，一冷一暖合流。”凭借得天独厚的温泉资源优势，当地的旅游休闲文化得到快速的发展，地名也受到泉的直观影响。这些都可以作为开展学科竞赛的历史依据，有着一定的历史价值和人文价值。

3. 申报科研项目

“以项目为中心的学习改变了短促的、单一的传统课堂教学模式，更加注重主动的、学科融合的、关联现实问题与实践的学习活动。”国家和各大高校一直以来都非常注重大学生参与的科研工作的开展和实施，倡导国内大学生主动申报不同学科领域的科研项目，有效培养和提升学生的科研能力。2012年，教育部正式下发《教育部关于做好“本科教学工程”国家级大学生创新创业训练计划实施工作的通知》这一决策性文件，重新划分了大学生创新创业的训练项目类型，主要包括三种。第一种是创新训练项目，第二种是创业实践项目，第三种是创业训练项目。创新训练项目要求本科生个人或团队在导师指导下自主完成创新性研究项目设计、研究条件准备和项目实施、研究报告撰写、成果（学术）交流等工作。在研究性教学成果的基础上，可以继续进行研究，进一步申报不同主题和类型的创新项目。学校可建立校级、省级、国家级三级项目立项与遴选制度，结合目前提出的项目计划和目标，在整合地方资源的基础上获得若干语言文学类的项目立项审批。

4. 化为创新创业项目

就目前而言，国内的高校先后针对大学生的创新创业教育目标和任务提出一系列的实施方案和落实措施，给予大学生创新创业更多的关注和支持。不过，大部分大学生在确定创业项目时都会面临各种难题，难以寻找到合适的项目，或是选择的项目层次较低，与专业脱节，不少项目都是商业性的项目，如奶茶店、DIY体验等，要么不具备实践性，要么缺乏足够的创新性。大部分项目的开展尚未对企业进行调研和考察，缺乏实际的市场调查，都是学生基于自己的知识和认知构想出来的，这就在很大程度上制约了创业的成效和最后的成功。研究性教学可以在专业学习的基础上，结合市场需求状况，深入调查研究有关专业问题，从而有针对性地选择创业的项目和经营发展思路。因此，研究性教学应基于不同的视角和维度来对教学成果进行转换，提出可行、可靠的创新创业项目计划。

人名、物名寄寓一定的意义，好的命名往往极富语言和审美艺术，不仅具有丰富的文化内涵，而且会带来很大的经济价值，如房地产业一些小区或楼盘的命名，像“四海花园”“都市花园”“明珠宝邸”“湖畔名郡”。鉴于此，笔者围绕“楼盘命名的语言艺术特征和文化商业价值”这一主题，设计了研究性教学，让学生调查收集当地一些楼盘的名称及其宣传的广告语，分析其语言艺术特征，并设计一些问卷，调查受众对不同名称的认同和接受度，分析其文化商业价值，最后归纳分析楼盘命名的文化价值取向和受众的接受度之间的关系。在此研究性教学的基础上，学生明白了富有艺术审美性的命名是具有很高的商业文化价值的，可以以此为基础，围绕命名问题，提出相关创业训练或创业实践项目，注册诸如“××艺术命名公司”“语言传播艺术公司”等公司，借助网络平台，开展创新创业活动。

研究性教学的延展，除了上文分析的几个方面外，还涉及课程论文的撰写和科技文化活动等领域，在精神实质上不存在本质的差别，在突出研究连续性这一特点的同时，获取客观的、实质性的研究成果，获得真正的研究能力。

（三）研究性教学延伸与拓展须满足的要求和条件

研究性教学的开展离不开资源的支撑，应和学校建立长期的合作关系，获取养分和资源。很多研究性教学得不到理解和支持，与其游离于母体、孤立于生活是很有关系的。因此，开展研究性教学须满足部分要求和条件。

1. 与学校发展的目标和方向保持一致

高等教育是一个庞大的系统，应“构建完善统一的高校分类体系，实行分类管理”。不同类型层次高校的发展定位是不同的。“985”“211”一类高校一般都定位于研究型大学，以培养学术型人才为主。占高校半壁江山的一般地方本科高校则定位于应用型大学，以培养应用型人才为主。同是开展研究性教学，从局部或具体的问题来看，不同类型高校可以一样，但从整体来看，区别是相当明显的。

研究型大学的研究性教学指向的是理论创新与发明创造，应用型大学指向的是知识应用与技术研发。因此，学校、院系或教师在设计或开展研究性教学的时候，要尽可能和学校目前的发展目标和战略定位保持高度的一致，采取理论联系实际的研究方法，确保第一课堂和第二课堂的相互关联，产生强烈的整体效应。从教学实践的角度来说，很多教师抱怨学校对研究性教学不重视或得不到同行的支持以及学生的认可，之所以会出现这种情况，原因在于教师开展的研究性教学活动和学校目前的战略发展定位相背离。

2. 与人才培养的目标保持一致

就国内的高校而言，在人才培养目标的设定方面有较大的自主性。同一专业，在不同类型甚至同一类型的高校，其人才培养目标、培养规格以及课程体系是可以不相同的。因此，教师在设计、组织研究性教学时，要始终紧扣专业性质和专业人才培养目标定位。无论在具体的一门课程还是在同一学科的课程群中开展研究性学习，都要以专业人才目标为准绳，心往一处想，力往一处聚，这样才能保证研究性教学的成效和人才培养目标的实现。教师如果忽视专业人才培养目标，过分强调自己对专业人才培养目标的理解，或者过分强调讲授课程的学科性质，这样开展研究性教学，很可能会增加教学的负担，甚至偏离整体目标。例如，同是汉语言文学专业，有的是师范性质的，以培养中小学语文教师为目标，有的是非师范性质的，或以新闻为方向，或以文秘为方向。因此，如果在师范专业中开展研究性教学，紧密结合中小学语文教学的实际就比较适宜；在非师范的新闻方向，紧密结合网络语言、手机语言等就比较适宜。在实践中，有时因为没有确立专业人才培养目标是研究性教学（也是整个教学）的准绳这一原则，整体设计不够科学，各个教师从自己讲授的课程出发开展研究性教学，结果就造成了研究性教学目标分散、效果不好的现象。

3. 充分利用三个空间（课堂）

当前，很多高校都对课内（第一课堂）总学时进行压缩，以留给学生更多的自主发展空间（第二课堂），强化实践和与社会的接轨，也给学生校外的实习实训留下了较多的时间（第三课堂）。因此，在高校中，第二课堂、第三课堂的位置也是相当重要的，在人才培养中意义重大。研究性教学，不管是偏重理论的还是偏重实践的，都应该确保第二课堂、第三课堂的功能和作用在研究性教学中得到切实的体现，实现三个课堂的相互关联，摒弃传统的教学模式和陈旧的教学理念。部分教师指出，开展研究性教学的教学时间受到一定的约束和限制。之所以会有这种看法，是因为他们并未对第二课堂、第三课堂给予更多的关注和重视。由此可见，教师在开展研究性教学活动的过程中应该形成“三个课堂”的强烈意识，尽可能地把研究性教学与学生第二课堂的各种学科竞赛、科技文化活动以及社团活动等联系起来，与第三课堂的实习实训和毕业论文（设计）等联系起来，让学生带着问题去参与各种活动，在各种活动中提出问题，从而让研究性教学有机地融入人才培养的全过程。

4. 充分拓展三个维度（校园）

关于大学校园，一般认为围墙内的校园是第一校园，围墙外的社会（社区）是第二校园。随着信息技术的发展，互联网富媒体化的程度越来越高，已经是另一个虚拟但又实实在在的世界，可谓是第三校园。如今，我们不仅生活、工作于实体的第一校园、第二校园，同样生活、工作于互联网的第三校园。

研究性教学虽然也是教学，但研究性教学和常规的教学模式有着一定的区别。就研究性教学来讲，往往表现出显著的开放性，既要求理论方面的探究，也离不开实际调查，不仅要进行经院哲学式的思辨，更要指向经济社会文化发展的实际，解决实际问题。因此，开展研究性教学，亟须走出第一校园，积极拓展到第二校园和第三校园。无论是研究问题的提出，还是分析解决，都要有三个校园的意识。在研究性实践中，有的教师反映学生提出的问题（甚至毕业论文）现实意义不强，为研究而研究，或者是研究没有在社会实践中完成，纯是理论思辨或设想，这在很大程度上与开展研究性教学的过程中并未发挥三个校园的作用有关。总而言之，教师在开展研究性教学实践活动的过程中，应该鼓励学生摆脱第一校园的约束和桎梏，能够在第二校园、第三校园中提出问题、解决问题，从而提高研究性教学的质量和现实针对性。

以上四个方面是从两个不同的角度来说的。前两者强调的是研究性教学要有明确的目标导向，后两者强调的是研究性教学要有明确的范围意识，不能为研究性教学而研究性教学。毕竟大学是培养专业人才的，是真刀真枪的实战，是（准）学术性的研究，不同于基础教育重在科研思想意识和过程方法的训练。当然，研究性教学延展的要求还可以从不同的角度提出很多，如对教师、学生的思想认识和教学研究能力等提出的不同要求和标准等。关于这些，其他学者已经从不同层面和视角作出详细的论述，这里不再逐一赘述。

第四章

高校语言文字推广
——对外汉语教学探究

第一节 对外汉语教学的性质、特点与任务

一、对外汉语学科的起源

中华文化拥有五千年的灿烂历史，而汉语是世界上最古老的语言之一，其作为第二语言的教学历史也是非常悠久的。在秦汉时期，周边国家的统治者就会派使团到中国来学习汉语和汉文化。尤其是在唐朝，更是呈现出了万国来朝的盛世景象，各国派的使团和留学生纷纷前往中国学习汉文化。在宋元明清时期，周边的许多国家都会派使团来中国学习。但汉语作为一种对外语言，其正式成为一门学科或事业的时期是从20世纪50年代开始的，从20世纪80年代开始，世界各国和学术界都普遍认可和认同了对外汉语教学的历史和地位。

原北京语言学院（现北京语言大学）院长吕必松在1978年主持召开的北京地区语言学科规划座谈会上第一次提出将对外汉语教学当作一门学科来对待。在1983年，我国教育学会正式组建了对外汉语教学研究所。王力教授在1985年撰写并发表的《王力先生在全体会上的讲话》中强调：将对外汉语教学视为一门学科。而当时的教育部部长何东昌在主持召开留学生工作报告会议时多次强调：通过长期实践来看，现阶段对外汉语教学已经具备发展为一门独立学科的趋势。这也是我国政府第一次在公开场合将对

外汉语教学视为一门学科。此外，国家教委将对外汉语教学纳入了国家学科专业目录之中，并确定了其独立学科的地位。1987年7月，经国务院批准组建了国家对外汉语教学工作小组，由七部委成员组成，其主要职责是管理国内对外汉语教学研究和实践工作。国家教委在1989年出台的相关文件中强调：对于发展国家和民族事业来说，发展对外汉语教学起到的作用是无可取代的。党中央和国务院在1993年出台的《中国教育改革和发展纲要》中明确规定：党和政府要大力扶持发展对外汉语教学事业，并将其纳入国家教育法规之中。由此可见，从20世纪80年代开始，我国政府机构就承认了对外汉语教学作为一门独立学科的合法地位，将其正式纳入我国教育事业之中，并成立了专门的研究和监管机构负责开展对外汉语教学工作。

综上所述，对外汉语教学应该被视为一门新兴的学科。其仍处于高速发展时期，社会各界对其名称、性质和基本任务等问题尚未达成统一的共识，仍存在一定的争议。

二、对外汉语教学的性质

从科学术语的角度来看，对外汉语教学的含义主要体现在三个方面：首先是对外汉语教学活动和行为，将汉语视为第二语言对外国人进行汉语教学的过程；其次是将对外汉语教学视为一门新兴的学科；最后，在发展国家和民族事业中，对外汉语教学发挥着相当重要的作用，占据着相当重要的地位。对外汉语教学的核心内容就是对外汉语教学课程，而建设对外汉语教学课程就是为了应用和实践汉语做好前提和铺垫工作。在很大程度上也体现了对外汉语教学的基本性质。由此可见，对外汉语教学的核心内容分为三个部分，即对外、汉语和教学。

（1）将对外汉语视为一门语言学科进行对外教学。对外汉语教学的核心任务在于教外国人学习汉语，帮助外国人学习和掌握汉语这门语言工具。其教学的内容主要是如何应用语言技能，而非教学与汉语相关的理论知识。所以，其与语言学教学存在一定的区别，与现代汉语、古汉语教学和汉语语言教学存在本质上的差异。此外，语言教学过程中一定会涉及文化内容的传授，但在对外汉语教学过程中，汉语的文化因素只存在于语言教学中，但语言教学本身并没有任何文化，所以语言教学是基于语言文化展开的。

（2）将对外汉语视为第二语言。在对外汉语教学活动中，其与语文教学存在本质上的区别。我们都知道，学生在学校内学习到的语言都是母语，在教学过程中初步掌握了母语的相关知识和技能，并根据母语去学习和了解社会文化知识背景，这种教学过程被统称为语文教学。但对于第二语言教学来说，就是外国人在不具备任何社会文化背景知识的基础上，零基础学习汉语。所以对外汉语教学的目标、方法和教学内容与语文教学存在本质上的区别。从某种程度来看，对外汉语教学其实是一种外语教学，其应该遵守第二语言教学的客观规律和基本原则。

（3）在对外汉语教学过程中，将汉语当作第二语言进行课程教学。对外汉语教学课程的核心内容就是汉语，从某种程度上来看，对外汉语教学会受到第二语言教学基本原则和规律的约束，也会受到汉语自身原则和规律的限制。所以，与其他外语相比，对外汉语可以视为第二语言。需要注意的是，汉语本身在发音、词汇和语法等方面存在明显的特征，这些特征导致外国人一开始难以理解、学习和掌握，这也是与其他第二语言教学最明显的区别所在。

（4）从外国人的角度来看，汉语相当于他们的第二语言，所以对外汉语教学的主体对象就是外国人，这与国内少数民族学习汉语有着本质上的区别。外国学生在学习汉语的社会文化背景知识方面的难度要大得多，基本上需要从零开始，在教学过程中应该辅助外国学生去学习和了解中国社会和汉文化知识。

由此可见，对于外国学生而言，学习汉语就相当于学习一门第二语言，这也是对外汉语教学的基础属性。从学科隶属角度来看，对外汉语教学作为一门新兴学科，应该被纳入应用语言学科的范畴。

虽然对外汉语教学的核心内容是对外汉语教学课程，但其更倾向于是一种应用和实践类的语言学科，所以其具有其他语言学科不一样的教学任务，比如构建对外汉语教学基础理论体系，帮助促进国家和民族事业发展建设等重要任务和使命。

三、对外汉语教学的特征

经过长期教学实践，对外汉语教学作为一门新兴学科，其已经具备鲜明的特征。

（一）对外汉语教学是一门独立的学科

对外汉语教学经过长期的发展已经被外界视为一门新兴学科，就像陆俭明（2000）所说的那样：从20世纪80年代开始，尤其是自1992年以后，对外汉语教学迎来了新的历史发展机遇，其被视为应用语言学科的重要分支，具有一定的独立性特征。其独立性主要体现在以下几个方面。

1. 具有明确的研究目标和研究对象

对外汉语教学成为一门独立学科，已经具备自身独特的研究对象和目标。其研究的核心内容在于如何帮助外国学生去学习和掌握汉语的基础教学原则和方法，比如通过什么教学方式去传授什么汉语知识技能等。此外，还包括一些学术研究的重点课题，比如将对外汉语视为第二语言进行学术研究、研究如何学习和认知汉语知识、研究对外汉语教学的基础方法和指导理论等，这些都是重点的研究目标和对象。

2. 具备完整的学科理论体系

通常情况下，对外汉语教学作为一门独立的学科，其具备完善的理论体系，即基础理论和教学理论体系。所谓基础理论主要分为两个方面，首先是语言和语言学习理论，其次是文化与教育理论。而教学理论的内容主要包括以下几个方面，比如对外汉语教学的性质和特点、教学结构之间的关联性、教学课程的类型和设计、教材编写和课题教学环节设计、不同语言要素教学的一般规律和特点、语言交际技能训练的一般规律和特征等。由此可见，对外汉语教学理论体系可以视为一体两翼模式。其中的一体指的是将汉语语言教学作为重要载体，即将汉语当作第二语言进行教学和学习。其中一翼指的是将对外汉语教学的基础技能视为教学基础理论，而另一翼指的是中外文化素养。只有同时具备两翼，才能塑造强健的体魄。由此可见，在以汉语语言教学为载体的对外汉语教学过程中，首先要学习和了解汉语语言学基础知识和理论，否则难以开展对外汉语教学的相关研究工作。而构建科学完善的学科理论体系需要将对外汉语教学视为一门独立的学科，并去研究其未来发展变化的客观规律，以此为研究对外汉语教学提供新的思路和方向。

3. 具有成熟的研究队伍和丰硕的研究成果

如今，国内学术界在研究对外汉语教学方面取得一定的成果。国内400多所大学都创办了对外汉语专业，并培养了一大批专业的科研团队，专门从事对外汉语教学研究工作。此外，国内许多高校都成立了对外汉语教学研究中心，比如北京大学、北京师范大学、北京外国语大学、华东师范大学、南开大学和中山大学等。

我国教育部门高度重视对外汉语教学的研究和发展工作，并成立了专门的研究和领导机构，即国家对外汉语教学领导小组办公室（简称国家汉办，现中外语言合作中心）。此外，社会各界还成立相关的协会和组织机构，比如中国对外汉语教学学会、世界汉语教学学会等；还发行和出版了相关的期刊和杂志，比如《世界汉语教学》《汉语学习》《对外汉语教学与研究》等；还成立了专门的出版社，比如北京语言大学出版社、华语教学出版社；还成立了单独的科研机构，比如北京语言大学成立的对外汉语研究中心等。国家汉办主持推动了一些相关的科研项目和国家社科基金项目等。这些都说明现阶段国家在研究对外汉语教学方面，投入了大量的时间和精力，并取得了一定的研究成果。近几年，专门从事对外汉语教学研究的科研人员数量不断增多，取得的研究成果也随之增多，每年在相关学术论坛和网站上发布的与对外汉语教学相关的成果数不胜数，还出版了与之相关的著作和文集。由此可见，在研究和应用对外汉语教学方面，已经取得了显著的成果，并且对外汉语教学逐渐发展成为一种应用类的汉语语言学科。

（二）对外汉语教学是一门综合性、边缘性学科

虽然对外汉语教学已经发展成为一门独立的学科，但其综合性和边缘性特征是十分明显的。从研究本体和教学活动内容来看，对外汉语教学学科其实就是将汉语视为第二语言，所以其教学内容与汉语语言教学是分不开的，需要基于汉语去研究对外汉语教学学科。此外，对外汉语教学本质上属于第二语言教学的范畴，所以其教学过程中一定会涉及教学内容、方法、语言认知和学习理论、教育技术学等相关内容。与其他基础学科知识相比，比如心理学、宗教学等学科，其存在语言和文化上的差异性。就像赵金铭强调的那样：经过长期实践发展，对外汉语教学已经成为一门独立的学科，在学术界内达成了一定的共识。对外汉语教学的基础理论涉及多个方面，比如语言学、心理与社会语言学、心理学、教育学等理论，但从本质上来看，其属于一种边缘交叉的综合性学科，具有非常明显的综合性和边缘性特征。在实际教学过程中，需要做好教与学的基础工作，即清楚需要教什么内容、以什么技术手段和方式教等，这就涉及学习和认知汉语、教学理论与方法、现代教育技术等相关内容，还会涉及相关的基础学科，比如语言学、心理学和教育学等，所以其综合性与边缘性特征是非常鲜明的。对于研究工作者来说，在研究过程中需要重点关注和了解这些鲜明的特征（赵金铭，2001）。

（三）对外汉语教学是一门理论性和实践性相结合的学科

对外汉语教学本质上属于语言学科的范畴，在研究和建设对外汉语教

学理论体系方面需要结合语言学、心理学和教育学等的相关理论。如果相关研究和建设者不具备从事对外汉语教学的实践经验和精力，那么其得出的研究成果是否能够指导实践仍有待商榷。所以，在研究过程中必须坚持理论与实践相结合的基本原则。

对于从事对外汉语教学活动的教师而言，其在开展教学活动过程中必须坚持理论与实践相结合的基本原则，并不断在实践中总结和补充教学理论。但在实际开展对外汉语教学活动过程中，许多教师存在重视实践、忽略理论学习的情况。现阶段，那些从事对外汉语教学的教师大多来自不同的学科和专业，他们具备一定的教学实践经历和经验，但对对外汉语教学的相关理论缺乏系统性的学习，也不具备语言学、心理学和教育学的相关理论和知识。目前，愿意从事对外汉语教学活动的教师大多是博士或硕士，他们大多是研究汉语言文学或应用语言学的专业人员，其中大多数教师经过比较完善的汉语语言学本体教育培训活动，但许多青年教师不够重视学习和了解对外汉语教学的基本方法和内容，缺乏相关经验和经历。由此可见，从整体的角度来看，想要更好地开展对外汉语教学活动，必须从顶层设计、教材编写、课题教学和语言测试等方面下功夫，必须以相关基础理论为指导去开展对外汉语教学活动。

综上所述，对外汉语教学不仅是一门独立的学科，也是一种特殊的教学活动，必须坚持理论与实践相结合的基本原则。理论与实践二者缺其一都会显得盲目、随意和空洞，难以达到预期的教学效果。

四、对外汉语教学的任务

（一）作为教学活动的对外汉语教学的任务

对于外国人而言，其参与对外汉语教学活动的过程，其实就是学习和了解汉语这门第二语言的过程。而对外汉语教学理论分为四个方面，首先是顶层设计和编写教材，其次是课题教学和语言测试。就像陆俭明先生（2004）认为的那样：对于从事对外汉语教学的一线教师而言，其核心任务在于在短时间内帮助那些零基础的外国留学生更快更好地学习和掌握好汉语这门第二语言。那么如何才能帮助外国留学生在短时间内学好并学会使用汉语呢？这就要求一线教师在开展对外汉语教学活动的过程中，以汉语为主要的交流和交际语言工具，从不同的目的、领域和层次来提高外国学生的汉语听说读写能力以及语言交际能力。想要出色地完成教学任务，不仅要想办法激发学生参与教学活动的兴趣和积极性，还要求教师必须坚持理论与实践相结合的基本原则，必须全面系统地了解相关的学科理论知识，比如语言学、心理学、教育学和中外文化素养等。主要注意的是，教师必须具备将所学汉语语言学知识转换为实际教学的能力。想要成为一名合格的对外汉语教学教师，不仅要掌握系统的理论知识体系，还要根据实际教学需求来调整教学方法和教学内容。对外汉语教学活动的主要任务分为顶层设计、编写教材和语言测试等方面，因为对外汉语教学是一门新兴的学科，其属于第二语言教学的范畴，需要重新制定教学大纲和编写教材，还要针对课题教学和语言测试进行系统性的研究。但在实际情况中，这些方面的发展是相对滞后的。

（二）作为学科的对外汉语教学的任务

对外汉语教学作为一门独立的新兴学科，其不仅要重视开展教学活动的过程，还要重视如何帮助外国人在短时间内将汉语当作第二语言进行学习，需要研究第二语言教学的相关理论和方法，并以此来指导对外汉语教学实践。从学科的角度来看，对外汉语教学的主要任务分为两个方面：一方面是研究对外汉语教学，另一方面是建设对外汉语学科。

1. 对外汉语教学研究

根据对外汉语教学的性质和特征，可将其研究内容概括为三个方面，即教什么、如何学和怎么教。下文将重点介绍这三个方面。

● 研究作为第二语言的汉语的本体规律

现阶段，在研究对外汉语教学方面，亟待解决的课题之一就是教什么内容。想要在短时间内教会零基础的外国人学会和使用汉语，就必须先搞清楚需要教哪些内容。对于外国人而言，汉语相当于第二语言，所以研究教学内容必须要了解第二语言的基本特征和规律。考虑到国内汉语研究的起步时间相对较晚，以往的研究成果中忽略了汉语的第二语言特征和规律，所以在研究汉语特征、规律和用法方面缺乏系统性的研究成果，目前研究得出的结论无法去有效地指导对外汉语教学实践活动。所以，在研究现代汉语方面，需要面对的主要挑战在于研究汉语的规律和词汇。在研究对外汉语教学的过程中，需要将汉语视为第二语言去研究其本质规律和特点。如果教师对汉语自身的特征和规律没有一个清晰的认知和了解，那么在教学实践中就很难帮助外国人在短时间内学好并学会使用现代汉语。

在研究汉语的第二语言特征和规律方面，不仅要重视研究汉语本身，还要重视研究对外汉语教学过程中使用的汉字、词汇和语法的教学大纲，还要重点研究对外汉语教学中所使用的汉字结构和学习方法，找出外国人在学习汉语过程中遇到的重难点问题，还要研究对外汉语教学中涉及的词汇、语法、口语掌握情况、书面语特征、交际能力、汉语特征类型等方面的内容。此外，还要全面系统地研究教学内容的优先级和重要程度，即在不同时间段以什么样的教学内容去传授外国人现代汉语的基础知识和能力。所以，必须将现代汉语中的文字、词汇和语法分成不同的等级和顺序，并制订单词表、成语表和语法要点表等，帮助外国人更好地学习和掌握汉语基础知识和技巧。这些都是对外汉语教学研究中需要重点关注的内容。

● 研究对外汉语教学活动的主体

对外汉语教学活动的主体分为教与学两个方面。其中，教指的就是教师，即研究如何将一名教师培养成为具备综合素质能力的对外汉语教师。

在研究对外汉语教学活动主体方面，需要研究的是外国人的学习特征，要围绕着外国人的学习需求和特征展开教学活动。考虑到学习汉语的外国人来自不同的国家和民族，其学习目的和实践存在一定的差异性，且年龄、受教育水平以及汉语水平存在明显的差异，所以在研究对外汉语教学方面，需要重点分析研究学习汉语的主体对象。这里面就涉及多方面的影响因素，比如国籍、民族、文化背景、年龄、文化程度、职业、学习汉语的目的和实践、学习的动力和态度等，这些因素对教学方法和重难点教学内容会产生非常直接的影响。

● 研究汉语作为第二语言的习得和认知规律

在研究对外汉语教学方面，其研究的重点应该从怎么教转变为如何学，这里就要强调在对外汉语教学中研究学习者的重要性和必要性。从事对外汉语教学研究的专业人员需要重点关注研究学习理论和规律，即了解和掌握学习者对汉语这门第二语言的学习和认知情况。在研究对外汉语教学方面，需要重点关注外国人对现代汉语的学习顺序和学习过程，还要重点关注外国人所具备的听说读写能力和对现代汉语的基础认知能力和认知情况，还要了解外国人学习汉语过程中呈现的个体差异性等方面的内容。目前，在研究对外汉语教学方面，学术界普遍认同的是研究汉语与外语的对比分析、外国人学习汉语的错误分析以及研究中介语等方面，认为应该将汉语当作第二语言去学习和研究。特别是随着学习汉语的外国人数量不断增多，汉语成为外国留学生在中国学习和交往的重要语言工具，需要进一步加强对对外汉语教学研究的重视程度，需要将对外汉语与其他不同的语种进行分析对比和系统性研究，要明确外国人学习的目的和程度，从而制订出适合他们的教学策略和教学方法。

● 研究对外汉语教学的理论和方法

对外汉语教学本质上是一门新兴学科，因此在研究过程中需要了解学科的相关理论和方法，即研究如何教的问题，并以此来指导教学实践活动。在研究对外汉语教学理论方面，主要分为四个方面，即顶层设计、编写教材、课题教学和语言测试。而重点研究课题还包含将汉语视为第二语言，去研究现代汉语教学理论和方法，并以此来指导教学实践。此外还要积极探索和研究对外汉语教学的全新理论和方法，对顶层设计和教学模式进行全面深化的变革，从不同的层次和角度去设计对外汉语教学的课程体系、教材大纲和教材，并对课题教学的质量和效率进行综合评估，定期对学生的汉语学习情况进行测评，利用现代教育技术和手段去指导外国人学习和应用对外汉语，在研究过程中建立不同类型的语料库帮助他们更好地学习和应用汉语。

● 研究对外汉语教学的基础理论

从某种程度来看，对外汉语教学作为一门学科，其具有综合性和边缘性等显著的特征，涉及多方面的学科理论，比如语言学、心理学、教育学和现代教学技术学等，这些学科理论构成了对外汉语教学的理论体系。所以在研究对外汉语教学过程中，需要对与之相关的学科理论进行全面深入的研究，这样才能更好地指导对外汉语教学研究，为建设和发展对外汉语教学提供更多的参考和建议。此外，还要重视研究与对外汉语教学相关的基础理论，必须明确各基础理论与对外汉语教学之间的关联性，明确各相关理论在对外汉语教学中的主体地位和协调性。

2. 对外汉语教学学科建设

在建设对外汉语教学学科方面，需要考虑到学科本身的前瞻性和综合性特征，必须确保学科能够持续健康稳定地快速发展。所以建设对外汉语学科需要重视以下几个方面，即学科的性质、任务、地位，结构体系，研究现状，人才培养和整体规划等。确保学科稳定健康发展的关键在于明确学科的性质、任务和地位；确保学科能够全面深入发展的前提在于研究学科结构体系；确保学科良好稳定地快速发展的前提在于做好学科发展规划和重视培养学科人才。而对外汉语教学是一门新兴的学科，建设起步时间相对较晚，其研究得出的成果存在很大的分歧和争议，尤其是一些关键性问题的分歧是非常大的。比如，在研究学科定位方面，一些学者认为对外汉语教学应该归属于应用语言学的范畴，但还有些学者认为其应该归属于教育学的范畴，这两种不同观点对对外汉语教学的学科发展方向产生非常直接的影响，甚至会影响对外汉语教学人才的基本培养模式，即是以应用语言学课程为载体去培养人才，还是以教育学课程为载体去培养人才。再比如，在对外汉语教学学科结构和任务方面存在不同的观点，在研究对外汉语教学学科体系结构方面分为主体派和教学派。此外，在研究人才培养模式以及对外汉语教学方向的硕士和博士课程体系方面存在一定的分歧。所以，在建设对外汉语教学学科的过程中，需要将其视为一门独立完善的学科进行分析研究，确保其具有综合性和前瞻性等特征，这样才能确保其持续健康稳定地发展。

（三）作为事业的对外汉语教学的任务

我们开展对外汉语教学活动不仅是为了帮助外国人学好和学会使用汉语，更多的是进一步传播中华文化，加强各国对中国的了解，增进中外友谊和各层级的文化交流，培养一大批热爱和传承中华文化的中外人士和国际友人。对于国家和民族事业的发展而言，重视研究和建设对外汉语教学是非常重要的，必须上升到国家发展战略的高度。想要确保对外汉语教学事业健康稳定地发展，必须做好以下几个方面的工作。

（1）通过各种有效途径加速推进汉语国际化的发展趋势，在全球范围内掀起一场学习汉语的热潮，并持续进行升温，让更多的外国人在学习和使用汉语以后，更加地了解和热爱中国文化和中国人民。加大对外汉语教学事业的宣传力度，通过有效途径吸引外国留学生来学习汉语，为他们学习汉语创造有利的环境和条件。

（2）加强对外汉语教学学科的建设进程。不仅要重视建设短期学习汉语的课程，还要重视以培养本科生和研究生为核心的学科专业建设工作，其中包括设计教学大纲、编写教材、制作教学课件以及装配教学辅助设备等，为外国人学习汉语创造有利的环境和条件。特别要重视根据不同国家和民族学习者的特征去设计不同类型的对外汉语教学。

（3）加大培养专业对外汉语教师的投入力度，采取有效措施提升教师的专业素质和水平，提高他们的学历和科研能力。此外还可以培养出更多的愿意从事对外汉语教学的兼职教师，为发展和建设对外汉语教育事业储备高素质专业人才。

（4）加大对对外汉语教学研究的科研投入力度，邀请社会各界的力量加入到对外汉语教学科研的团队之中，培养出更多专业的高素质人才，进一步提升研究成果的水平和质量。

（5）加大宣传和研究对外汉语教学的投入力度，制订不同类型的汉语水平考试体系，构建权威性的汉语考试体系。

（6）重视研究国际政治、经济和文化的发展变化对对外汉语教学发展产生的影响，根据研究反馈的结果及时调整发展战略规划和策略，尽可能地减少国际政治环境因素对对外汉语教育事业产生的干扰和影响。

（7）以多种渠道和途径让更多从事对外汉语教学的教师走出国门，去国外从事汉语教育事业，在国外开拓汉语教学市场，培养一大批海外汉语授课教师。

第二节 对外汉语教学的总体设计与教学要求

一、对外汉语教学的总体设计

在设计对外汉语教学顶层结构方面，主要包括以下几个组成部分：首先是教学类型和对象，其次是教学目标和原则，再次是教师分工和要求，最后是教学途径。一定要按照特定的顺序和方法去完成设计工作。

（一）明确教学类型

根据教学类型的不同确定不同的教学对象、目标、内容、方法和基本原则。在对教学活动进行分类方面，需要重点考虑教学性质、教学任务、教学时长和教学组织形式等多方面的影响因素。目前，根据教学时长和学习目的将教学类型分为三种：本科专业、长期班和短期班。首先是本科专业；其次是长期班，一般学习期限为1~4年不等；最后是短期班，一般学习期限是2个月到半年不等。此外还可以分为两个方面：一方面是非学历预备教育，即解决当下学习汉语遇到的主要问题；另一方面是特殊目标教育，即学习旅游、经贸和中医等领域的汉语。不同的教学对象，其适用的教学对象、教学目的和内容方法是完全不一样的。由此可见，设计顶层结构的关键在于明确教学类型，其次才是按照教学类型来设计与之相关的其他内容，比如教学目标、原则和方法等。此外，还要格外关注基础教学阶段，尤其是初级和中级教学阶段。这两大阶段的学习人数是最多的，需要重点研究这两个阶段的教学特征和规律，才能制订出行之有效的对外汉语教学策略和方案。

（二）分析教学对象

在分析教学对象方面，必须呈现出一定的针对性。需要从四个方面对教学对象的特征进行分析研究，即自然特征、学习目的、学习起点（水平）和学习时限。

1. 自然特征

所谓自然特征，主要指的是外国留学生的国籍、性别、年龄、受教育程度、母语及文化背景等。在某种程度上，这些自然特征对教学内容和原则产生决定性的影响。在确定和选择教学原则、内容和方法方面很容易受到自然特征的影响。从实际年龄的角度而言，成年人和儿童在学习第二语言方面涉及的内容和方法存在本质上的区别。从受教育程度来看，需要针对不同的人群制定不同的教学策略。而且国籍、学习目的以及母语文化之间的差异性，对教学原则和方法的选择产生一定程度的影响，比如韩国和日本的学生学习汉语的基础和条件就要优于欧美留学生。

2. 学习目的

外国人学习汉语的目的主要分为五种类型，首先是受教育和职业工具目的，其次是学术和职业目的，最后是临时目的。而学习目的在很大程度上对教学目的和内容的选择产生一定的影响。在开展对外汉语教学活动的过程中，需要了解学生的基础条件，然后确定教学内容和目标，从而设计与之相匹配的教学策略和方案。

3. 学习起点（水平）

所谓学习起点，主要指的是学习者当前的汉语水平，既可以是零基础，也可以是现有的汉语水平。学生学习汉语的起点不同，导致其学习汉语的兴趣、接受和理解能力具有一定的差异性。所以，需要根据学生的学习起点来制订不同学习阶段的教学活动和具体安排。

4. 学习时限

通常根据学校的相关规定来确定学习时限，一般分为本科、进修两种方式。本科时限为4年，进修学习期限为1~2年。还可以根据学习者的实际要求来确定学习时限，比如短期内的进修和实习。而不同的学习期限对教学内容和目标的选择会产生一定的影响。整体上来说，选择和确定教学内容和目的不仅要考虑学习者的学习目的和要求等影响因素，还要考虑其学习期限等影响因素。

（三）确定教学目的和目标

1. 教学目的

教学活动的设计是为了更好地达成教学目标。从某种程度上来看，开展对外汉语教学活动的主要目的就是培养专业的人才。通过开展教学活动的方式对外传授汉语文化知识和相关技能，但需要注意的是，不同的教学类型的教学目的存在一定的差异性。

而开展对外汉语教学活动的主要目的就是帮助外国人在短时间内学习和掌握汉语基础知识，并具备基础的听说读写和用汉语交流的能力，提高外国人学习汉语的兴趣和积极性，帮助他们更好地学习和了解中国社会和历史文化。

2. 教学目标

开展对外汉语教学活动的主要目标就是帮助外国留学生学习和掌握汉语基础知识和结构，培养和提高他们用汉语进行沟通交流的能力，确保他们能够使用汉语去完成日常生活和工作中的事项。

而对外汉语教学目标主要分为两个方面，一方面是使用汉语的范围，另一方面是使用汉语的水平。

首先要确定汉语的应用范围，即汉语在什么领域和范围使用最合适。有些学习者学习汉语是出于职业需求，有些学习者学习汉语是为了从事相关的翻译工作。比如一些人学习汉语的目的就是更好地在中国找到工作，方便职场上的人际交流和沟通。一些学生学习汉语是为了从事中外经贸活动，还有部分学生是为了在中国从事国际旅游相关的工作，他们学习汉语就是为了更好地在中国当导游。对于不同的学习者来说，汉语相当于一种职业工具，其涉及的工作和职业不同，所需的教学内容和方法也是不一样的。因此，国家汉办开展不同职业和领域的汉语考试研发工作，比如旅游、经贸和文秘等方面的汉语考试机制。

其次要确定学习汉语的水平和等级，根据学习者对汉语的了解和掌握情况，将其分为初级、中级和高级三个等级，针对不同等级的学生需要制定不一样的教学目标和教学内容。

国家汉办将对外汉语教学课程分为初、中、高三个等级。其中初级的教学目标在于要求学生掌握日常社交汉语用语，学会和掌握一些基础的语法知识和词汇。中级教学目标在于要求学生能够具备一定的汉语口语表达能力，能够满足日常生活和工作中正常的沟通和交流的需求，可以做一些简单的翻译工作，能够自学一些基础的语法项目和语用规则，能够独立看懂一些汉语新闻。而高级教学目标在于要求学生能够自由地进行汉语口语交流，能够流畅地阅读书籍和报刊，能够参与中级翻译的工作，能够掌握一定的语法知识和词汇，还能学习和了解中华传统文化知识。

（四）确定教学内容的范围

对外汉语教学的内容，不仅包括汉语基础的发音、词汇和语法等各要素，还包括培养和提高学生使用汉语进行沟通交际的能力。所以在确定对外汉语教学内容范围的过程中，首先要搞清楚构成语言交际能力的基本要素和形成交际能力的基本过程。通常情况下，构成人的语言交际能力的要素主要包括五个方面，首先是语言要素和语用规则，其次是相关文化背景知识和语言技能，最后是语言交际技能。所以要根据这个五个方面来确定教学内容的大致范围，并根据这个范围来设计和确定教学大纲。

（五）确定教学原则

对于外国人而言，汉语相当于除他们的母语以外的第二语言，其教学原则要根据理论结合实践的方式进行确定。其实教学原则大多是根据教学理论来确定的，而对外汉语教学涉及的相关理论包括多个方面，比如语言学、心理学、教育学、哲学、跨文化交际等基础理论，需要将其与对外汉语教学的学科特征和规律结合在一起，确定教学原则和理论体系。

在编写教材、课题教学以及语言测试等方面的设计，需要遵循确定的教学原则，其目的在于保证教学活动和过程与教学目标的一致性。在设计教学原则方面需要做好以下几点工作。

1. 处理好语言要素、语言技能和语言交际技能之间的关系

任何教学方法和理论都要求教师帮助学生搞清楚语言要素、语言技能和语言交际能力三者之间的关联性。这就要提到如何训练学习语言的技能、交际能力，以及如何处理语言要素和知识之间的关系，如何处理语言要素与相关文化知识之间关系等问题，主要体现在以下几个方面：

（1）按照语言学中的听说法来编写对外汉语教学内容的大纲，并根据语言要素来确定语言教学活动的素材。

（2）改进听说法。根据语法结构来确定教学内容的先后顺序，根据语言技能训练来确定重心，组织语言的教学材料。

（3）功能法的教学思路。根据教学功能项目大致确定教学大纲的先后顺序，根据语言交际训练来确定中心，组织语言材料。

（4）结构—功能相结合的方法。根据语法结构来设计教学大纲的顺序，根据功能项目和语言交际技能训练来确定中心，组织语言材料。

由此可见，任何方法都是根据语言结构来决定教学大纲顺序的，但功能法中强调了功能项目在语言教学中的特殊地位和作用。

2. 选择好语言技能训练方式

训练语言技能的方式主要分为三种：综合训练、专项训练，以及两者相结合的训练方式。

3. 选择好语言交际技能训练的方式

在开展对外汉语教学活动的过程中，训练语言交际能力的方式主要分为以下五种：基于结构融合功能，基于功能融合结构，基于话题将结构与功能结合在一起，基于情境将结构与功能结合在一起，纯功能的方式。

近几年，国内学者按照自己积累的经验确定了一条基本的教学原则，

即结构与功能相结合的原则，而这种原则的基础在于语言结构。从几十年在国内外从事汉语教学的实践来看，学习者想要在短时间内快速掌握汉语交际能力，就必须学习和掌握语言要素。如果在学习的初级阶段不重视语言结构和功能的教学，就会给后续的汉语教学和学习增加不必要的困难。此外，语言教学的目的在于培养语言功能。学习语言结构是为了更好地将各种语言要素结合在一起，为交际提供功能服务。

4. 处理好语言要素之间的关系

语言要素主要由三个部分组成，即语音、语法和词汇。但在对外汉语教学中多了一个汉字要素。针对不同的语言要素制订的教学阶段，其侧重点都是不一样的。学习者只有将各语言要素组合成句子，才能算是具备了使用语言进行交际的能力。所以，当前的语言教学活动的重点内容就是将句子和话语两个单位结合在一起使用，从语音、语法和词汇三个角度进行综合教学。在语言交际表达中，句子是最基础的表达单位，其次是语音、语法和词汇的结合体。从几十年的教学实践来看，以句型的方式去学习语言往往能起到事半功倍的效果。所以，基于第二语言教学来看，语言教学的重点内容仍是句子教学。但随着话语教学的诞生和发展，人们对言语活动的研究进一步加强，开始重视话语训练。但不论是国内还是国外，在话语教学研究方面尚未取得有效的进展，仍处于初级探索阶段。

5. 处理好语言和文字的关系

在处理语言和文字关系方面，需要重点关注教与不教汉字、先语后文或者教学简繁汉字等问题。其中，在汉字教学方面，更倾向于语言要素教学，其作用主要体现在两个方面，一方面能够丰富学习者的词汇量，另一方面能够加深对汉字的记忆和理解。

6. 处理好目的语和媒介语的关系

在研究目的语与媒介语关系方面，需要关注的是如何解释和使用媒介语，以及如何对两种语言进行对比和互译，研究在何种情况下需要使用媒介语进行解释，以及在何种情况下需要对两种语言进行对比和互译。此外，基于联结主义心理学的直接法对第二语言教学中的目的语与客观事物之间的关联性研究是非常重视的，无论是语言的理解还是表达，都需要规避对母语翻译的依赖性。但母语是一个客观存在的事实，在学习目的语的过程中一定会涉及母语的迁移和应用。但关键在于如何利用母语去消除学习目的语的不利影响。而对外汉语教学的重点在于如何在编写教材和备课过程中，平衡母语和媒介语的关系，并对这两种语言进行分析和对比。在课题教学的过程中，尽可能地减少使用母语和媒介语去解释目的语，原则上是能不用最好就不用。在讲解汉语和汉文化基础知识方面，需要借助母语来讲解汉语语法和汉文化，这种教学是难以达到理想效果的，不利于培养和提高学生使用汉语进行交际和思维的意识和能力。所以在课堂教学中，要给学生营造良好的汉语学习氛围和环境，让学生接触更多的汉语元素。

7. 处理好语言要素和相关文化知识的关系

在开展对外汉语教学活动的过程中，需要综合考虑如何将汉文化知识与语言要素有效结合在一起进行教学，以及如何将语言技能和语言交际技能训练结合在一起等问题。学习文化知识是为了更好地掌握语言工具，所以在语言教学中，文化教学的地位和作用是不可取代的。在语言交际能力中的培养社会语言学能力、话语能力和策略能力方面，都需要文化教学的支持和帮助。所以文化教学与语言教学之间存在相互独立、相互依存的关系。

8. 处理好语言和文学的关系

在对外汉语教学活动中，需要有效处理好语言与文学作品之间的关系，尤其是在高等级的阅读教学中，更要重视使用文学作品的相关内容进行教学活动。

9. 充分利用现代化教学技术和手段

在第二语言教学活动中，现代教学技术和手段的地位和作用是不可取代的。现阶段，在汉语教学活动中所使用的资源仍以教材为主，教学手段以教师的讲与学生的练为主，缺乏对多媒体辅助教材和设备的合理应用，这对于提高汉语教学水平和质量是极为不利的。就拿汉字教学来说，教师通过多媒体设备来传授汉字的部件和笔顺，其效果是其他教学手段无法比拟的。所以在对外汉语教学活动中，需要充分发挥现代教学技术和手段的优势，来提高教学水平和质量。

（六）规定教学途径

通常情况下，在确定完毕教学目标、内容和原则以后再去确定教学途径，其主要包括三个方面的内容：教学阶段、课程设计，以及课时安排。

1. 教学阶段

确定教学阶段的重点内容在于确定不同教学阶段的教学重点和基本特征。主要是以目的语的水平等级来确定教学阶段，基于教学目标确定教学阶段的原则，也就是教学目标原则。一般将目的语的水平分为三个等级，即初级、中级和高级。然后按照教学目标原则将每个教学阶段细分为多个小阶段，每个小阶段主要负责解决教学目标中的一些主要矛盾和问题。

2. 课程设计

总体设计中的关键内容就是设计教学课程，需要基于联结设计的原则去编写教材和设计课程教学，根据不同的教学类型和对象来设计多样化的教学课程计划和安排。整体的设计原则在于：根据学生的知识和能力储备结构情况来设计课程安排，将所有的教学内容合理地分布在课程教学之中。在设计教学课程的过程中，需要综合考虑各种影响因素，比如教学条件和教学规模等，需要按照教学对象的知识能力结构情况来决定设计何种课程和课程类型。

3. 课时安排

设计周课时和总课时需要将其与教学目标和教学内容结合起来，并符合学习者的基本特征。

（七）明确教师分工和对教师的要求

在开展第二语言教学活动的过程中，首先要明确教师的职责和分工。教师之间要相互合作、相互配合地完成不同课型的教学工作。简单来说就是，教师要根据总体设计的安排，了解和掌握教学的大致情况，明确自己在教学活动中扮演的角色、承担的责任以及发挥的作用，明确自己的教学职责和分工与其他教学任务之间的关联性，为协调合作完成教学任务奠定良好的基础。

二、对外汉语课堂教学的要求

在对外汉语教学过程中会根据教学要求来设计不同类型的课堂教学，

但都要基于师生共同作用的基本原则去开展课堂教学活动。这种共同作用主要表现在师生之间要相互配合来完成教学任务上。

（一）对教师的要求

根据第二语言教学的基本特征来看，教学过程应该分为四个阶段：感知阶段、理解阶段、巩固阶段和运用阶段。而教师的主要职责就是将这四个阶段有效地串联起来。

1. 展示教学内容

在感知阶段中，教师需要使用合理的教学方法和手段给学生展示设计的教学内容，并了解学生的掌握情况。

2. 使学生全面理解所学内容

在实际教学过程中，学生可能无法第一时间消化和理解教师传授的教学内容，但教师应该利用正确的教学手段和方式去帮助学生消化和理解所学的知识内容。

3. 引导学生正确地模仿和重复

学生在学习第二语言的过程中，最常见的练习方法就是模仿和重复。教师必须对这两种练习方式进行正确的引导和指导，否则学生就会误入歧途。

4. 帮助学生巩固记忆

大多数学生在初学一门语言课程时需依靠记忆，但不能忽略教师的引导作用。教师可以通过讲解和检查等方式引导学生去加深对所学知识内容的理解和记忆。

5. 创造条件让学生进行交际

教师在开展对外汉语教学活动的过程中，需要为学生创造良好的学习氛围和环境，为学生营造出更多利用汉语进行沟通交流的机会，让学生在课堂上进行语言对话训练，这样学生就能尽快地掌握和理解所学的语言知识内容并将其应用到实际交流中。

（二）对学生的要求

在课堂教学中，对学生学习语言所提出的要求是集理解、模仿、记忆和运用于一体的。

1. 理解

学习语言的关键在于理解。学生在视觉和听觉方面都需要进行语言训练。教师需要给学生提供语言训练的材料，这样才能使他们更快地了解语言的意思、结构和语法，从而从感性认识上升到理性认识。从记忆特征的角度来看，人对自己理解的知识内容的记忆是比较深刻的。所以，学习好汉语的关键在于理解学习的内容，这也是学生必须完成的学习任务之一。

2. 模仿

学生在学习的初级阶段主要是通过模仿的方式去理解和掌握知识内容的。在模仿进行汉语实际交流的过程中，要注意模仿的是否正确。错误的模仿会产生不好的负面影响，一旦形成错误的习惯就很难纠正。所以在重复模仿的阶段，一定要注意纠正错误和偏差，这样学生才能形成正确的模仿习惯。教师要为学生创造有利的课堂教学环境和条件，引导学生进行模仿训练并及时纠错。

3. 记忆

学习任何语言的前提和基础都是记忆，学习汉语同样需要在理解的基础上进行记忆。学生在课堂学习大量知识内容以后，需要利用课外时间去加深对所学知识的理解和记忆，这样才能更好地掌握和使用所学的知识技能。

4. 运用

所有语言教学的最终目标在于正确地运用所学的知识内容，对于对外汉语教学活动来说也不例外。学生在课堂上要积极地参与各种运用训练的活动，在日常生活中要多使用汉语进行沟通和交际，这样才能打下良好的语言基础。

第三节　语言文字规范与对外汉语教学

对外汉语教学在推广建设国家教育事业中起到重要作用，对于语言文字规范化发展也有着重要现实意义。在汉语规范化工作开展的过程中，需要密切联系对外汉语教学工作，探索汉语规范化发展的合理路径，提高规范水平，为汉语在全世界范围内的推广和应用创造良好的条件。

对外汉语教学在具体落实的过程中，应该遵循以下策略：

一、对外汉语教师要增强语言文字规范意识

对外汉语教师需要对语言使用规范的重要性有一个正确认识，能够从自我做起，增强自身规范使用汉语的意识，能够贯彻各项规定，确保语言文字使用达到要求的标准，为汉语推广使用创造有利条件。语言文字规范化发展可以更方便对外汉语教学。汉语想要在全世界范围内得到使用，那么就需要首先确定推广标准，注重汉语自身规范程度的提升。教师需要熟知对外汉语教学的实施规范以及具体要达成的标准，充分发挥自身的作用，把国家标准和规定在对外汉语教学中落实，为我国汉语规范化发展贡献力量。

二、对外汉语教师要做语言文字规范化的表率

《中华人民共和国国家通用语言文字法》中明确规定学校和教育机构在开展教学育人活动的过程中，必须使用普通话和规范汉字，尤其是对汉语教师的普通话水平提出了严格的要求，要求能够按照中国规范文字的使用标准来执行。如果是对外汉语教师，自身的普通话水平需要满足二级乙等标准。在对外汉语教学过程中，要使用普通话教学，减少方言的使用，按照规范文字的标准和要求来教学，在听说读写各个环节都要确保语言文字的规范化。如果在教学中，有一些汉语意思不了解，可以借助汉语词典来辅助教学，确保汉语词汇的高质量教学。汉语比较复杂，想要全部进行规范化管理难度较大。对外汉语教师需要通过学习，不断吸取新知识、新思想和新观念，能够注重语言素养的提升（戴昭明，2003）。

三、对外汉语教师要熟练地掌握汉语拼音，要积极扩大对汉语拼音的应用

汉语拼音的普及推广范围越来越大，是重要的拼写和注音工具，即便是没有学习过汉字，也能够通过汉语拼音来辅助汉语的学习。汉语拼音使用的是罗马字母，这些字母被很多外国人熟知。汉语拼音相比汉字更容易学习，外国学生学习汉语拼音通常不会花费较长的时间，这可以增强外国学生学习汉语的自信心，使他们能够更加自信地面对汉语的学习。除此之外，外国学生在使用计算机输入汉字的时候，比较倾向于选择拼音输入法，这种输入法的优势在于，即便不知道汉字怎么写，只需要输入汉语拼

音，就能够给出多个选项，根据给出的选项选择目标汉字提取即可，操作比较简单。所以，《汉语拼音方案》在对外汉语学习中有一定的使用价值，可以帮助外国学生更快地掌握汉语拼音（严美华，2003）。对外汉语教师需要对此引起重视，从汉语拼音教学着手，帮助外国学生对汉语有一个入门级的了解，为之后的汉字学习打好基础。中国人在学习汉语拼音的时候，没有养成良好的学习习惯，对汉语拼音的来源不了解，外国人使用汉语拼音环境不是很理想。对外汉语教师需要熟练地掌握汉语拼音，积极扩大汉语拼音在全世界的应用范围。

四、对外汉语教材应该规范地执行国家语言文字规范的法规政策

教材是理论教学的重要依据，同时也是课堂教学和总体设计两者之间的纽带，教材的选择与使用会影响到教学活动的开展。教材是否按照规范化要求编写，决定教材的规范化程度，进而影响到教学效果。在对外汉语教学的过程中，需要重视教材的编写和选择，确保语言文字的规范使用。在汉语教学事业快速发展的背景下，教材编写也积累了不少经验，但是依旧存在不规范现象，这些都会降低对外汉语教学的质量。因此，在对外汉语教材编写的过程中，应尽可能地遵循语言文字规范标准和要求，确保教材质量。

总而言之，语言文字规范化发展很有必要，在对外汉语教学的各个环节中都有体现。对外汉语教师需要从自身出发，增强规范使用语言文字的意识，不断提高语言文字规范素养，在教材选择、课堂教学等环节中，都按照国家语言文字规范的要求和标准来执行。

第五章

高校语言文字推广——中华优秀传统文化在对外汉语教学中的影响

第一节　传统文化理念下的语言文字

中国的汉字讲究的是寓意于形而意在形中，所以中国早期的文字都是象形文字。不同的时代和领域所使用的语言和文字是不一样的，但无论是早期的考古出土的甲骨文，还是发展至今的楷体，都体现了中国文化的发展过程（樊志环，2019）。个人人文素养中的关键能力在于是否能够正确理解和应用语言文字。对于初学者而言，特别要重视培养和应用语言文字的能力，这对其今后的学习和生活的发展会产生深远的影响。在这种情况下，需要搞清楚语言文字与文化之间的关联性，受传统文化理论的影响去分析研究语言文字的特点和性质，并在传统理念的基础上对其进行艺术创新，为发展教育和艺术事业打下坚实的基础。

一、传统文化理念下语言文字的运用特点

受传统文化理念的影响，语言文字的运用呈现出多元化的特点。我们的祖先在创造文字的时候，不经意间在文字中融入了价值观和思维方式。在形成成熟完善的语言文字体系之后，又诞生了文字的书写方式和语言沟通交流的方式，这种全新方式孕育出新的价值观和思维方式。所以，后人在学习和使用先辈创造的语言文字时，需要接受其价值观和思维方式的洗

礼，才能够了解语言文字蕴含的深层次信息内容。所以，不同的价值观和思维方式衍生出不同的文化类型，比如浪漫的思维衍生出诗性文化，严谨的思维衍生出保守的文化；价值观和思维方式会对语言文字的发展产生非常深远的影响（赵菊英，2015）。我国祖先创造的文字都是象形文字，在描绘客观事物形象以后诞生了语言和文字，并在实践过程中将语言文字结合在一起使用。首先要确定文字与客观事物之间的互通性，即以文字来描绘客观事物。创造的语言文字体系必须与客观事物联系在一起，这样才能促进人类以语言文字去描述客观自然世界，将主观与客观世界融合在一起，形成一元思维。

人们通过文字来描述这个客观存在的现实世界。文字本身没有独立的意义，简单来说，文字就是一种沟通交流的工具，是体现事物形象的载体。我国使用的语言都是在以文字描述客观事物的过程中诞生的，所以客观事物赋予了文字形象逼真的象征意义（宗慧坚，2017）。与其他国家相比，中国人更关注形象思维，倾向于研究客观事物，而非对客观事物进行抽象的总结归纳，所以诞生了重器轻道的传统文化观念。中国人喜欢以语言文字去描绘客观事物背后的真相，从而产生顿悟的思维和理解方式。在我国古诗词中能窥见古代文化的特征。古代文人擅长以文字的方式去表达丰富的客观内容。比如“大漠孤烟直，长河落日圆”中，以文字的方式直观形象地描绘了客观的自然场景。文字在这里充当的是描绘客观现象的工具角色。

语言本身具有一定的超越特性，即以特定的意义和思维方式去描绘客观事物隐藏的深层次信息，并在发展变化过程中形成特殊的文化符号。我们将这种以语言描绘自然现象的手法叫作象征，以象征的方式来体现不同的象征意义。其实，《易经》就能体现出语言文字的超越性特质，比如利用四象八卦和阴阳来预测未来可能发生的事情。

中国文字的组成呈现出形旁+其他的基本特点，甚至有些文字是以形旁为主，是古代劳动者在社会实践中根据形旁创造的文字。它们能够体现客观事物的基本特征，呈现出归一性的特征，即同一类型的文字可以组成同一类型的句子。从整体的角度来看，中国的文字系统体系呈一字为源头，其他字由其派生出的格局。从笔者的角度来看，受中国大一统思想观念的影响，文字的雏形和创造在发展过程中呈现出中央集权的文化特色。

考虑到中国许多文字的象形意义和意思是固定的，但一些反义和时态等内容难以客观自由地表达出来，需要利用其他词语和句子来搭配表达。所以，形成了三种认知相结合的现象，即稳定、位置与合作相结合的方式，倾向于群体互助，避免出现个人缺失的情况（杨晶瑜，2015）。

二、传统文化理念下语言文字的创新

（一）创新选材内容

从艺术层面的角度来看，需要对语言文字进行创新，所以必须以优质素材为基础来创新教材内容，并将创新的内容融入语言文字的内涵之中。在这种情况下，研究语言文字的人需要对优质题材的范围进行确定，再根据实际需求来选择与之相匹配的优质素材。所选的素材必须具有一定的代表性和研究价值，所以中国创造的语言文字都是具有一定内涵和艺术感的（赵君，姚雪红，史超，2013）。对于社会大众而言，主要是以语言文字来进行沟通交流的，所以必须关注语言文字的内涵价值和实用性，并在社会大众普遍理解的前提下，去体现语言文字的精神内涵，并让大众接受和理解这些精神内涵。从整体的角度来看，我国会在现有语言文字的基础上进行艺术创新，在创新的过程中不能忽略语言文字的工具性，其适用性和时效性需要得到足够的重视和关注。

（二）借鉴古代文化

在全球经济一体化的进程中，世界各国的经贸和文化交流逐渐增多，在不同国籍人员进行沟通交流的过程中，就需要使用到语言和文字。为了向世界传播汉文化，截至2021年12月，在全球范围内成立了489所孔子学院和817个孔子课堂，其主要职责之一就是传播汉语的文字文化。在这种全球一体化发展趋势下，中华传统文化必将彻底融入世界文化之中，并向世界传递中国文化。中国通过汉语向世界各国人民传递东方文化，在国际的语言文字交流过程中展示中国文化的魅力和内涵价值。所以，我们这一代人想要更好地传播和发展语言文字，就必须学习和了解语言文字的意识特征，并在其基础上进行艺术创新，深度发掘出语言文字中蕴含的民族精神文化，并将其合理地应用在不同的行业领域。从视觉角度和精神层面来看，现有的语言文字需要在保留古代典雅气息的基础上，融入现代审美元素和内涵价值，这样才能确保语言文字持续健康稳定地发展。

（三）创新设计流程

我国在传播和发展语言文字的过程中，需要对语言文字的创新设计投入更多的时间和精力，需要更多的研究者前赴后继地无私奉献。此外，还需要对创新设计语言文字的流程进行优化升级，这有助于深度发掘语言文字的深层次艺术和价值内涵。研究者基于迭代开发的原则，通过测试和设计的方式对一些固定项目进行创新实验，并对其实验结果进行检验，如果检验的结果具有适用性，那么就可以将其应用在实际沟通交流之中。此外，我国研究者在创新语言文字的过程中，往往会通过计算机技术对语言文字进行动态创新，融入新时代审美元素。从现代的角度来看，社会发展的重要标志在于计算机技术的应用程度和范围。我国研究者更倾向于使用计算机技术来研究如何创新语言文字，这对于丰富民族文化和增强文化自信是非常有利的。但需要注意的是，研究语言文字如何创新的过程是相当复杂且漫长的，在创新过程中需要形成创新与发展相互协调配合的互助效应。

（四）探索人文内涵

从研究语言与社会之间发展关系的方面来看，其最核心的内容就是词汇。正如我国学者胡文忠认为的那样：词汇本身承载着民族文化的内涵信息，能够体现民族文化的深层次价值和内涵。不同民族在创造和发展词汇的过程中，对词汇赋予不同的内涵和意义。简单来说，不同民族创造的词语的意义之间存在着明显的差异性，在很大程度上会受到民族心理状态、文化素养和文化习俗等因素的影响。对于不同国家民族而言，想要更好地使用语言文字，首先要明白词语背后的含义和意义。不同的社会阶层和文化对同一词语意义的理解是不一样的。此外，除词语本身富有丰富意义之外，其蕴含的文化意义是非常深厚的。各民族传统文化的内涵主要体现在语言和文字的创新和发展方面（郭聪，2017）。因此，我们需要对一些具有代表性的词汇意义有一定的全面认识和了解，这对于学习和了解民族传统文化是非常有利的。而且，我们在研究和传授词语的过程中，需要通过理解词语意义的方式去了解和掌握文字语言的含义。这种方式有助于社会大众更好地了解语言文字的具体内容，比如思想意识、政治制度和民族观念等，通过了解这些具体内容能够更加全面地了解和理解中华民族传统文化。

在新时代背景下，通过创新语言文字的方式能够更好地传承中华传统文化的精神内涵，其创新模式具有明显的时代感。所以，语言的研究者、传授者和教育者，都需要重视研究语言文字的特性，需要根据语言文字的艺术特征，根据时代背景和社会大众的需求进行创新性研究。这有利于促进语言文字的传播和发展，进一步扩大创新语言文字的应用范围和领域，这样才有利于传承和传播语言文字所承载的传统文化。如今，更多的研究学者逐渐意识到世界文化不断交流融合的客观现实，语言文字必将成为世界民族文化的核心内容，所以我们必须在遵循事物客观发展规律的前提下，对汉语进行创新和丰富，这样才能让中国文化立于世界先进文化之列。

第二节　对外汉语“孝”文化教学

一、孝文化的定义

在我国古代《尔雅》词典中最早提及了孝文化：善父母为孝。由此来看，所谓孝道，指的是赡养和侍奉父母，帮助父母分担家庭内部问题。《说文解字》中对孝的定义与《尔雅》中的定义基本上是一样的，都是帮助和赡养父母（陶燕，2015）。根据这两部典籍对孝的定义，我国古代对孝的理解就是子女在成长起来以后要承担爱护、孝敬和照顾赡养父母的责任和义务。其实就是放眼现代，对孝的定义也基本上是没有变化的。唐兰在其研究中认为，所谓孝道，指的就是父母与子女之间的关系；孝字的上半部分代表的是老字，下半部分则代表子女，这样分解开，就能很好地理解孝字的具体含义，即老人与子女之间的义务关系。

事实上，中西方文化对孝的定义基本上是一样的。但学者在研究孝的起源方面存在一定的争议，有学者认为孝是人生来就具有的天性，还有学者认为孝是社会发展的产物。比如，任满丽认为，孝是人天生的尊重和爱戴老人的天性本能。而丁成际则认为，孝起源于氏族公社时期，是具有一定血缘关系的亲人或婚姻之间建立的特殊关系。至于孝文化是何时在东西方文化中以何种方式起源的，仍有待考究。下文将重点探索和研究这一问题。

二、针对课堂教学的建议

在对外汉语教学活动中，对孝文化的课堂教学主要体现在两个方面：一方面是传授与孝文化相关的主题内容，增进学生对孝文化表达形式的理解和认识，比如以四合院的布置格局来讲解中国孝文化中非常重要的宗族秩序问题；另一方面，以多元化的教学模式去激发学生学习孝文化的兴趣和积极性，比如将孝与善字拆分开，给学生讲解这两个字的组成结构，帮助学生了解这两个字的含义，或者是给学生讲述与孝文化相关的民间故事典故。对于对外汉语教师而言，其自身也要不断完善和提高自己的专业知识，学习和了解孝文化的精神内涵和延展的含义，这样才能帮助学生梳理出东西方文化中孝文化的差异性和特点。

（一）针对孝文化教学内容的建议

1. 掌握孝的字词含义

汉语与世界各国语言文字最大的区别在于，汉语中存在汉字。中国的甲骨文是通过象形的方式创造的，汉字的偏旁具有一定的图形含义，经过时代的发展和社会的进步，汉字的表达方式也发生变化。从甲骨文演变成为楷书表达形式的过程中，汉字的笔画顺序逐渐得到规范和固定。尤其是中华人民共和国成立以后，简化了汉字的书写，而且汉字表达深层次含义的功能变得更加强大。这也是中华文明能够发展延续几千年的关键原因。下文将重点讲解与孝文化相关的汉字，即孝与善字的演变过程。在对外汉语教学过程中，教师需要给学生讲解善与孝字的字形演变过程，帮助学生更好地了解这两个字的深层次含义，加深学生对善与孝的理解和记忆。

这种教学模式能够调动学生学习汉字的积极性和兴趣。通过讲故事的教学方式给学生讲解汉字背后的深层次含义，加深学生对汉字和汉文化的理解和认识。在这种教学模式中，学生能够清晰地理解和记忆汉字的表面意思，为深层次学习奠定良好的基础。

2. 孝的词汇教学

在给外国留学生讲解孝字以后，还需要给学生传授与孝字相关的词语和成语，这样有利于学生全面深入地了解孝的含义，更好地使用与孝有关的词语和成语。首先，需要对孝的字面意思和相关词语进行讲解，比如孝顺、孝敬、孝子、尽孝和孝心等词语。在讲解过程中，让学生根据自己的认知和理解去猜测这些词语的意思，培养和锻炼学生独立思考和理解汉字的能力，为学生理解和记忆词语打下良好的基础。例如，让学生以“孝心”来造句，引导学生去了解孝心的意思，即尊重、孝敬和关爱自己的父母。再以“孝顺”为例，其中的孝字含义基本上是一样的，即尊重和孝敬长辈，但这个顺字则有顺从的意思，即听取父母的意见和建议。这里可以理解为，既然要孝顺父母，就应该听父母的话。于是就有学生用“孝顺”造句为：她对她的父母非常的孝顺。在讲解“孝顺”含义时，可以先让学生猜测其意思，然后教师进行点评和纠错，帮助学生正确地理解孝顺的含义。再以“孝敬”一词为例，其中的孝字含义不变，而敬字的含义则是尊重和敬仰，那么可以理解为要尊敬和爱护长辈的意思。以“孝子”一词为例，其中的子字代表的是子女，可以理解为孝顺父母的子女，这是很好理解的。再以“忠孝”一词为例，其中的忠字代表人对某一事物保持如一不变的心态，比如我忠于你，这可以理解为我在感情上对你是一心一意、不会改变的。在中国文化体系中，忠字通常代表的是个人对国家的情怀，比如我忠诚于祖国，可以理解为我不会背叛我自己的国家。“不孝”可以理解为没有孝心，而“尽孝”则代表着子女承担赡养和照顾父母的责任和义务。学生在教师的引导下理解这些词语的意思以后，就能利用这些词语去造句，从而表达自己的观点和意思。对于教师而言，在讲解与孝字相关的词语时，要以循序渐进的原则从简单到复杂地讲解，为后续的学习和理解打下坚实的基础。但学生只能听懂和理解这些词语是不够的，教师应该要求学生利用这些词语去造句，这样才能达到学以致用和融会贯通的效果。

3. 了解孝的节日习俗

在我国的传统节日中都能看到孝文化元素，我国人民热衷于在重大民俗节假日去传播和弘扬孝文化。从某种程度来看，利用传统节日去宣传和传播孝文化，本身就是对孝文化的赞扬和肯定，也是以孝文化教化世人的重要方式。对于教师而言，在向外国留学生传授孝文化的过程中，应该参考和借鉴与孝文化相关的民俗节日，这样才能有利于留学生学习和了解中国的孝文化。

对外汉语教师利用民俗节日去讲解中国孝文化，能够帮助学生更好地学习和理解中国人民的传统思维理念和生活方式。对于学习汉语的外国留学生来说，他们想要融入中国社会，就必须去了解中国人的思维逻辑和行为方式，以及重大的传统节日的仪式。教师在给外国留学生讲解传统节日习俗的过程中，应该听取留学生对中国社会文化和孝文化的理解和见解，引导他们去正确地学习和了解中国人的行为方式和思维逻辑，从而避免产生文化认知的错误和偏差。

（二）针对孝文化教学方式的建议

1. 利用网络渠道获取教学资源

在孝文化教学活动中，教师需要结合与孝文化相关的教材去传授相关的知识内容。从学生的角度来看，其所学的教材决定了学习汉语文化知识的成果。但在实际教学过程中，一些学校选取的教材需要考虑多方面的因素，师生根本没有自主选择教材的权利和自由，师生也无法获得与自己相匹配的正确教材。其实无论什么教材都有其优缺点，教师也不可能使用一种教材就将所有知识点全部讲解给学生。但对于教师而言，教材的重要性是无法忽视的。教师可以通过网络渠道去获取多样化的教材和学习素材。

教师还可以要求学生利用课外时间去阅读和观看与孝文化相关的书籍或电影，比如要求学生利用课余时间登录孔子学院慕课平台去学习与孝文化相关的知识内容。这些知识内容大多以视频的方式呈现给学生，存在一定的难度等级，能够激发学生独立探索和思考的兴趣和积极性，学生可以从简到难地逐一观看和学习。这种教学模式对师生分别提出了新的要求，教师需要提高自身的专业知识和能力，为学生提供多元化的教学素材，学生要根据教师的要求和指导去学习相关知识内容。此外，教师还要基于学生的文化水平去判断学生阅读的刊物是否与其汉语水平相匹配。对于初级学习者或者零基础的学生，教师可以通过造字结构来讲解汉字和词语，从而激发学生学习汉语的积极性。

此外，教师还应该利用网络资源给学生播放与孝文化相关的纪录片或影视作品，让学生体会和感受孝文化的内涵和魅力（郑晶晶，2012）。

2. 语言教学与文化教学相结合

在对外汉语学术界一直存在的争论议题就是语言教学与文化教学之间的关联性。特别是随着语言本体教学不断地发展壮大，社会各界开始重视文化教学的发展。我们需要研究的重要课题在于如何将语言和文化教学有效地结合在一起。首先，语言教学本身是一门综合性比较强的课程，并非一种简单的教学项目。语言与文化教学之间是相互独立、相辅相成的关系，两者缺一不可。美国外语专家赫德利在其研究中指出，在美国外语教学中发现，在课堂教学中很难将语言和文化教学两者有效地结合在一起。在其撰写的《在语境中教语言》一书中又提及了这一现实问题，受到了学术界的高度关注和重视（李锐，2018）。针对这种情况，部分教师认为在对外汉语课堂教学中，只需重点讲解汉字的发音、意思和语法等内容即可，不需要在语言教学中融入文化教学的元素，如果这样做可能会起到反作用，不利于学生打下学习汉语的基础，增加学生学习汉语的难度，让对外汉语教学活动偏离预定的轨道。但也有教师认为，如果不融入文化教学，那么就无法做到真正意义上的语言教学，因为不了解一个国家和民族的传统文化是很难学习和了解他们的语言文字的。

3. 拓展多元的文化教学活动

在进行对外汉语课堂教学的过程中，授课教师首先要对中华传统文化的意义及其来源等做到充分的了解，同时还需要通过拓展和策划活动等形式，将文化内容与教学活动进行有效结合。比如，对外汉语教师在带领学生进行茶文化学习的过程中，可借助中国茶文化讲座或者品茶识茶等方式，让学生对中国茶文化的内涵与魅力有更加深刻的了解与认识。但孝文化则与茶文化有着本质上的不同，在对孝文化进行讲解时，教师一方面需要对中华传统文化的内容加以了解与拓展，另一方面还需要通过实际活动的开展，让学生能够对孝文化的内涵有着充分的认识，并了解其与西方文化之间存在的不同，以免留学生在对中国孝文化进行学习时产生认知偏差。比如对于中国的大部分家庭来说，孩子在结婚前后都可以和父母居住在一起。因此在进行对外汉语教学的过程中，教师可以充分借助课程活动，对学生开展孝文化的教育。

第三节　对外汉语“义”文化教学

一、中国传统“义”文化

在中国社会的发展中，“义”文化起到了重要的作用。早在殷商时期，“义”字就已经出现，且在甲骨文中也有关于该字的记载。直到春秋时期，随着百家争鸣局面的出现，学者们开始对“义”做更深刻的内涵研究。其中儒家所提出来的论述观点得到了人们的广泛认可，并在历史的发展中逐渐成了中华民族恪守于心的道德准则。

随着历史的发展，“义”已经成为人们处事为人所共同遵守的隐形规则，并对当代人们的行为准则和生活方式起到了引领与规范作用。在最开始的时候，人们关于“义”字的定义为：适当。而在孔子的观点中，“义”表示的是“礼”与“仁”之间的折中。在孔子的思想内涵中，“仁”是规范个人道德，帮助其高尚品质得以建立的总纲领；“礼”是用来约束、规范人们的个人行为的。二者之间相互依存，但是由于其过于理想，因此无法付诸现实。“仁”和“礼”经过不断地糅合之后便产生了“义”。“义”是通过对自我行为的约束，使其达到与礼制相符合的状态。通过这一点可知，“义”实则是一种制度和规范，它的作用是对个体行为的合理性进行的约束与规范。此外，在孔子的理论体系中，“中庸”

也是较为重要的一部分。“中庸”的出现恰好能够对“义”的内在含义做进一步的阐释，并对其在当时社会中所发挥出来的礼制作用做进一步的说明。孟子则是以孔子所提出来的思想为基础，对“义”的内涵做了进一步的完善。他在对传统的“仁义”进行阐述与继承的同时，又将礼仪法规与之进行融合，进而得到了“仁义”的思想观点。孟子提出了人性“四端”的理论。《孟子・公孙丑上》中曾经提到：“恻隐之心，仁之端也；羞恶之心，义之端也；辞让之心，礼之端也；是非之心，智之端也。”他认为“义”是基于“羞恶之心”而得到的，这种感受是人性本身所具有的。孟子在对孔子所提出的“义”的思想进行补充的过程中，对其内涵做了进一步完善，并提出了“舍生取义”在内的各种思想。这些思想对后代的仁人志士起到了思想启蒙与价值塑造的作用。因而我国历史上出现了各种舍生取义、舍小为大的感人事迹与正义之士。从孔孟等人所提出的思想中可以窥见，“义”已经从一种行为规范与准则，逐渐上升到道德与精神意志层面，成为一种不会消失和磨灭的精神传承，深深地影响着后代子孙。

在历史发展的长河中，“义”也产生了一个新的分支，即“道义”。从概念上来看，“道”和“义”是相互分开的，但是由于其含义中均包含了制度和法则等，因此在运用的过程中通常将其结合在一起。战国晚期，人们才将“道”和“义”这两个概念进行合并，并对其所具有的规则含义做更多的关注。在最开始的时候，“道”所含有的意义更倾向于客观概念，人们通常会将“道”和“天”结合在一起使用。而“义”则更偏向于人与人之间所需要遵循的行为准则，在主观含义上的表达更多。古代的君王在国家治理方面有着万人之上的地位，因此其通常会将其治理之道与“天”进行结合，以彰显其独特的力量。孟子在对“王道”进行分析时指出，君王在执政的过程中只有顺从天道，依照民众所公认的道德方式进行国家的治理，才能够使其政治生活更加美好。因此这一时期的道义原则成了评判当时社会政治工作美好与否的一个重要准则，社会中的伦理道德责任也由此建立。随着发展，道义开始与责任所具有的含义相对等。这种责任的出现是以积极主动状态下的道德履行行为为基础而产生的，并非强制意义下的要求。在中国的传统理念中，人情交往需要讲究“情义”。从“情”中生出“义”，从“义”中得到“情”，这便是中国社会的人际关系。

二、“义”文化的教学

鉴于“义”文化是以表层文化为基础而得到的更深层次的文化内涵，因此留学生往往无法对其做到深刻的理解。在对其进行“义”文化的教学过程中，借助影视资源，能够起到有效的帮助作用。对比其他影视资源，纪录片所体现出来的效果更为直观，能够更好地帮助留学生对“义”文化进行理解和学习。使用观看纪录片的方式对留学生进行“义”文化教学，主要目的是提升课堂的教学效果，帮助学生提升汉语运用与学习方面的水平。在借助纪录片进行教学时，要注重其与传统教学模式、原则以及内容之间的契合度，保证在不违背这些原则的基础上，灵活利用纪录片的教育价值，并将一些会对教学效果产生影响的内容与因素考虑在内，以达到提前规避、提高教学效果的目的。

（一）“义”文化教学的教学内容

假如纪录片只是为了阐明文化内容，且其角色为辅助工具，那么在执行对外汉语文化教学的过程中，应当确保所选用的纪录片内容能够与所教授的课程产生较高的贴合度，以确保纪录片的使用能够为课程的开展提供更多的帮助，而并非为了提高课堂趣味性而增设的额外环节。若只是为了提高学生兴趣而设置纪录片放映环节，那么在教学的过程中很有可能出现该环节的使用既无法达到预期的教学效果，又会使学生的思维变得更加混乱的现象。若教学的方式是以纪录片的放映为主，那么就需要确保纪录片中的文化表达直观、清楚、明了，以保证学生能够更好地理解其所传达的内容。不管纪录片在文化教学活动中的身份是什么，都应当把握一个原则，即以学生当前的能力为基础，不给学生增加其他的负担。在纪录片的内容选择上，需要以学生当前的汉语水平作为条件，适当提升一定的难度。但难度不宜过大，以免影响学生的学习与吸收效果。同时还要注意，所选择的纪录片应当避免出现一些有争议性的话题，涉及领土、战争、政治等题材的纪录片都是不适宜播放的。

《记住乡愁》展现了我国古镇、古村落的人文故事以及历史街区景观，展现了我国优秀传统文化中的一部分。在使用这一纪录片对留学生进行教育的过程中，既要关注其中所蕴含的古代文化，也要与现代教育进行结合，将其中所具有的精神信仰传承这一特质体现出来。这一纪录片中的大部分内容是以结合古代与现代人物世界的方式进行展示的。这种记录方式能够帮助学生与教师更好地理解精神信仰，了解发展与传承过程中的方式以及整个历程。在进行对外汉语“义”文化教学的过程中，将以《记住乡愁》中的部分视频内容为基础，在对其内容展开分析后，开展相应的教学。

1. 家国大义

笔者在对“义”进行定义时，将为国牺牲这种义举定义为国家大义。在各大纪录片中，我们能够看到舍己救人、慷慨赴死的感人事迹；从历史与神话故事中，我们能够感受到文人志士、豪胆英雄的英勇壮举，如岳飞抗金、精卫填海等。在中华民族的历史长河中，不同时期的英雄人物都彰显出了同样的民族大义，他们以自身为基础成就了国家的兴旺发展。

2. 民众情义

此处所提到的民众情义与上文所提到的家国大义有着一定的区别。民众情义更多的是以实际生活为基础，凸显的是生活中的英雄事迹和人物。比如开仓济民的刘愈，为百姓修路的蒋香兰等。除了这些伟大事迹，民众情谊还包括亲人邻里之间的感情。这些事迹与故事更加贴近民众的日常，也是人们最能够轻松接触到的“义”的实际体现。这些从平凡生活中涌现出来的英雄人物以及他们身上所拥有的“义”的品质，不断地为一代又一代的人提供着源源不断的精神信仰与依靠。

（二）“义”文化教学的教学原则

在使用观看纪录片的方式进行对外汉语文化教学的过程中，既要按照语言教学以及文化教学所遵循的原则为基础，也要以纪录片所具有的特质为条件，充分且合理地发挥这一教学资源的优势，以强化其在课堂文化教学中的正向影响力。

1. 文化教学为语言教学服务，培养学生运用汉语进行交际的能力

开展语言教学以及进行对外汉语教学的主要任务以及最终目的是提高学生在汉语运用方面的整体能力，以达到日常交际的作用。在进行对外汉语教

学的过程中，各项活动的开展都是服务于这一目的与任务的。文化教学课程作为教学活动的一部分，其任务也是如此。在教学的过程中，既要让学生对文化所具有的内涵以及表现有大致的了解，以降低在日常交际与运用过程中的冲突，还要帮助他们提高汉语水平方面的能力，以达到语言教学与文化教学作用共同增长的目的。在以《记住乡愁》这一纪录片为切入点，将“义”文化纳入对外汉语文化教学工作中时，其主要是借助直观的现代化教学方式对留学生进行对外汉语文化教育，使留学生在学习的过程中，能够对影片中的文化教学内容产生更加深刻的印象。同时，通过这一资源的合理利用，调动学生在对外汉语文化学习方面的积极性和主动性，使教学工作能够更偏向于交际化，以鼓励广大的学生借助自身所拥有的知识，对自身当前的思想进行创造性表达。

2. 学生为中心，教师为主导，发挥学生主动性、创造性

教师要注重因材施教，以学生的个人需求以及特长为出发点，通过兴趣引导、带领学生，以增加学习的乐趣。同时营造温馨和谐的师生关系，缓解学生的负面情绪，保证学习质量。在借助《记住乡愁》进行“义”文化教育的时候，可通过意见征集的方式，了解学生对该纪录片中较为感兴趣的内容有哪些，随后再寻找相应的教学视频，通过课程计划设定的方式，选择合适的教学方法，对教学内容进行安排。以学生为中心的教学方式，要求教师能够依照学生的个体差异，制订具有针对性的解决方案，以激发学生在学习过程中的积极性和主动性，使其自学能力得到提升。课堂教学要按照相应的教学内容设置与之对应的教学情境，借助谈话主题活动的开展，要求留学生以口语交流的方式，就当前文化教学的内容，发表自己的看法。

3. 加大文化因素输入，文化教学与文化传播相结合

对外汉语文化教学工作的开展，能够帮助留学生对中国的文化产生更加整体的认知。因此整个教学过程对于学生的自觉主动性较为关注，但仅关注知识学习的成果是不够的，还要对其学习所产生的作用加以关注。所以在教学中，我们需要从多个方面观察留学生在文化学习方面的习的作用，并引导他们对那些能够习得并且感兴趣的文化内容进行学习。在《记住乡愁》纪录片赏析的教学活动中，由于提及了大量与我国传统手工艺牌匾有关的文化因素，因此可以通过流动的画面以及解说词，对留学生进行教导，使他们能够对相关知识产生深刻的印象。在将“义”文化与之相结合后，不仅能够使教学内容更加生动形象且直观，还能够对留学生的文化积累产生潜移默化的推动作用，使其更好地理解吸收。

结束语

conclusion

国家通用语言文字具有政治、经济、社会、文化等多重属性。推广普及国家通用语言文字是我国宪法、法律规定，是党和国家的重要政策措施，是关系中华民族文化自觉、文化传承和永续发展的一件大事，具有广泛而深刻的历史基础、现实基础和实践基础。笔者通过研究认为，高校语言文字传承推广的策略如下：

第一，要深入推进语言文字工作与学校管理和教育教学工作的融合。要把提高学生语言文字应用能力作为学校培养目标的基本要求，作为教育教学的基本内容，将语言文字素养的培养融入德育、智育、体育、美育、社会实践等各项教育活动及校园文化建设中，不断促进学生综合素质和能力的提升。要通过加强语言文字能力培训，不断提高干部的管理水平和促进师资水平的提升。

第二，要继续争创市级语言文字规范化示范校并发挥其示范带动作用。我们要巩固已有的创建成果，并注重总结、挖掘、宣传示范校的好经验、好做法，并发挥好它们的示范带动作用，形成区域良好的推进语言文字工作的良好氛围。

第三，要认真做好学校语言文字工作规范化达标建设工作。在达标建设过程中，真正把创建过程当作是一次提高学校语言文字规范化建设水平的良好契机。

第四，将国家通用语言文字推广普及工作同应对风险挑战紧密结合，使线下工作和线上工作有机衔接，及时推出配套举措，确保这项工作保持适当的节奏和力度，不会因为特殊情况而受到较大的影响。建议有关部门和机构围绕可能影响这项工作的具体领域、方面、因素和程度进行全面调查摸排，梳理总结当前和今后一个时期在防范化解风险挑战中加强线下线上联动的有效经验，支持鼓励各方面攻坚克难、开拓创新，形成典型引领、以点带面，主动作为、积极作为的局面，使推广普及工作不因风险挑战而减缓或受阻，确保力度不减、工作不断。同时，可考虑拓展推广普及工作的范畴和领域，对创造性地开展线上工作进行政策举措上的支持保障，探索开展应急语言服务，将线上宣传普及、畅通网络语言文字交流、加强网络技术应用、提供各类语言产品等融入其中，加强同有关部门、机构和企业的协同合作，使国家通用语言文字推广普及工作与实际需要联系得更紧密，其线下同线上结合得更高效。

语言文字是文化的基础要素和鲜明标志，是文化传承、发展、繁荣的重要载体。一个国家的文化魅力、一个民族的凝聚力主要通过语言表达和传递。因此，我们应该清醒地认识到，语言文字工作为更基础、更广泛、更深厚的文化自信提供了有力源泉，做好语言文字工作有利于国民素质的提高和人的全面发展，有利于构建中华民族的精神家园，有利于提高文化软实力。

参考文献

reference

［1］白莲. 推广普及国家通用语言文字 助力经济社会高质量发展［N］. 内蒙古日报（汉），2021-08-26（2）.

［2］本报记者. 加大国家通用语言文字推广力度［N］. 中国民族报，2023-02-03（2）.

［3］陈建军，张翠. 语言文字与传统文化公益讲堂建设研究［J］. 文学教育（下），2022（4）：182-184.

［4］陈伟，周维杰. 应用语言学研究新取向：全球化语境——《新自由主义与应用语言学》综评［J］. 外国语，2013（1）：82-87.

［5］成园园. 国家通用语言文字推广评价研究——以新疆和田县为例［D］. 乌鲁木齐：新疆农业大学，2019.

［6］储白珊. 我省在推广普及国家通用语言文字方面居全国前列［N］. 福建日报，2023-05-11（5）.

［7］楚艳芳. 论网络语言与中国传统文化的关系［J］. 汉字文化，2020（1）：137-142，148.

［8］戴昭明. 规范语言学探索［M］. 上海：上海三联书店，2003.

［9］戴志民，周堃. 语言文字建设视域下的开放教育阅读推广创新——以厦门开放大学为例［J］. 福建开放大学学报，2022（3）：42-45.

［10］董海洋. 新媒体背景下大学生国家通用语言文字应用现状及推广策略研究［J］. 新闻研究导刊，2022，13（20）：49-51.

［11］窦小忱. 传统文化与网络语言的碰撞［J］. 语文建设，2014（9）：58，60.

［12］段俏. 语言产业竞争力视阈下的汉语国际推广战略研究［D］. 长春：东北师范大学，2018.

［13］樊志环. 以语言文字助力传统文化创新发展的研究［J］. 信息周刊，2019（6）：487.

［14］高月英，王德华. 推广普及国家通用语言文字 铸牢中华民族共同体意识［N］. 云南政协报，2021–07–19（2）.

［15］高泽远，王建莉. 追溯通用语言文字推广使用历史 铸牢中华民族共同体意识［J］. 中国民族教育，2022（2）：48–50.

［16］郭聪. 核心素养理念下说明性文章教学研究［J］. 江西教育，2017（29）：30–32.

［17］国家通用语言文字推广［C］//国家语言文字工作委员会. 语言生活皮书——中国语言政策研究报告（2021）. 商务印书馆，2021：18–28.

［18］国家通用语言文字推广普及［C］//国家语言文字工作委员会. 语言生活皮书——中国语言文字事业发展报告（2021）. 商务印书馆，2021：45–51.

［19］国家语委修订印发《国家语言文字推广基地管理办法》［J］. 贵州开放大学学报，2022，30（4）：17.

［20］国家语委修订印发《国家语言文字推广基地管理办法》［J］. 青海教育，2022（12）：3.

［21］国家语言文字工作委员会关于印发《国家语言文字推广基地管理办法》的通知［J］. 中华人民共和国教育部公报，2022（12）：14–16.

[22] 韩雨默，孙国军. 宋辽金元：通用语言文字推广及多元一体格局研究［J］. 辽宁师范大学学报：社会科学版，2023，46（3）：153–159.

[23] 何生海. 推广国家通用语言文字与铸牢中华民族共同体意识［J］. 北方民族大学学报，2021（6）：124–132.

[24] 胡明晓. 推广使用国家通用语言文字的措施及建议——评《国家通用语言文字知识宣传手册》［J］. 中国教育学刊，2023（1）：119.

[25] 黄慧精. 虚拟现实技术（VR）在国家通用语言文字教学与推广中的创新研究［J］. 信息与电脑：理论版，2022，34（23）：253–256.

[26] 姜乃强，彭瑞敏. 传承优秀传统文化，语言让教育更精彩［J］. 教育家，2019（41）：59.

[27] 蒋勇琴. 浅谈国家通用语言文字推广普及［C］//广东省教师继续教育学会. 广东省教师继续教育学会第五届教学研讨会论文集（三）. 广州：广东省教师继续教育学会，2022：762–765.

[28] 焦新. 加大国家通用语言文字推广力度 全面提高普及程度和质量［N］. 语言文字报，2022–01–12（1）.

[29] 教育部 国家语委关于加强高等学校服务国家通用语言文字高质量推广普及的若干意见［J］. 中华人民共和国国务院公报，2023（4）：25–28.

[30] 教育部 国家语委关于加强高等学校服务国家通用语言文字高质量推广普及的若干意见［J］. 中华人民共和国教育部公报，2022（12）：10–13.

[31] 教育部语言文字应用管理司负责人就《国家语言文字推广基地管理办法》答记者问［J］. 新教育，2023（1）：7–8.

[32] 李广宽. 汉语言文学发展中传统文化的渗透［J］. 山西财经大学学报，2022，44（S2）：236–238.

[33] 李锐. 对外汉语文化因素与文化知识教学研究［J］. 智库时代，2018（40）：182–183.

[34] 李玉凤. 对话与交融：语言教学符号化的定位思考［J］. 河北师范大学学报：教育科学版，2014（3）：133–136.

[35] 廖志林. 浅论网络语言对传统文化的影响［J］. 浙江社会科学，2007（3）：138–141.

[36] 刘爱华. 推广国家通用语言文字和铸牢中华民族共同体意识关系探究［J］. 国家通用语言文字教学与研究，2023（1）：76–78.

[37] 刘江涛. 新时代民族地区推广普及国家通用语言文字提升路径研究［J］. 佳木斯职业学院学报，2022，38（8）：80–82.

[38] 刘孟海. 推广国家通用语言文字 传承中华优秀传统文化——访北京市门头沟区教育委员会主任陈江锋［J］. 教育家，2017（36）：44–45.

[39] 刘敏，张盼盼. 网络交际语言对中国传统语言和文化的影响［J］. 湖北师范学院学报：哲学社会科学版，2015，35（4）：13–16.

[40] 刘朋建. 新阶段国家通用语言文字推广普及的三大重点［J］. 语言战略研究，2022，7（5）：8–9.

[41] 刘喜龙. 潜心笃行，做好国家通用语言文字推广普及工作［N］. 语言文字报，2023–06–14（8）.

[42] 刘昀，王红生. 以社会主义核心价值观引领传统语言文化教育［J］. 宝鸡文理学院学报：社会科学版，2021，41（3）：123–128.

[43] 龙国贻. 国家通用语言文字推广普及中若干理论与实践问题探析［J］. 百色学院学报，2023，36（2）：37–44.

[44] 卢芯怡. 推广国家通用语言文字在西藏脱贫攻坚中的作用及完善路径

［J］. 西藏教育，2022（1）：55–59.

［45］陆俭明. 汉语言文字应用面面观［J］. 语言文字应用，2000（2）：4–8.

［46］陆俭明. 增强学科意识，发展对外汉语教学［C］//教育部语言文字应用研究所. 第三届全国语言文字应用学术研讨会论文集. 香港科技联合出版社，2004：409–418.

［47］洛尘. 国家通用语言文字高质量推广普及全面提升教育教学质量［J］. 青春期健康，2023，21（3）：4–7.

［48］米日扎提 · 多力昆江. 推广国家通用语言文字增强中华文化认同［J］. 汉字文化，2021（S2）：54–55，62.

［49］闵玉红. 汉语言文学对中华传统文化的传承研究［J］. 散文百家（理论），2021（12）：142–144.

［50］曲晴晴. 推广普及国家通用语言文字重要性研究［J］. 国家通用语言文字教学与研究，2023（1）：73–75.

［51］石琳. 中国式现代化进程中民族地区国家通用语言文字的高质量推广普及：时代内涵与发展路向［J/OL］. 民族学刊，2023：1–9［2023-07-22］.

［52］史菁. 试论网络语言与传统文化的关系［J］. 文化创新比较研究，2022，6（14）：58–61.

［53］司马雪莲. 和田地区基础教育阶段国家通用语言文字推广普及效果研究［D］. 乌鲁木齐：新疆师范大学，2022.

［54］苏新春. 国家通用语言文字推广普及快速推进、成效突出［J］. 中国民族教育，2023（6）：27–28.

［55］孙崇飞，张辉. 再论体验认知教学模式［J］. 外语教学，2015（2）：

45-51.

[56] 孙文振. 推广普及和规范使用国家通用语言文字[N]. 中国民族报，2022-01-25（2）.

[57] 孙向阳. 推广普及国家通用语言文字是高等学校的历史使命[N]. 语言文字报，2023-04-12（1）.

[58] 覃玥. 汉语言文学对传统文化传播的作用分析[J]. 对联，2022，28（6）：27-29.

[59] 陶燕. 从不同文化根源看中西孝文化的发展特点[J]. 西安建筑科技大学学报：社会科学版，2015，34（2）：23-26.

[60] 田学军. 推动国家通用语言文字高质量推广普及[J]. 中国民族教育，2021（11）：4-6.

[61] 王佳. 汉语言文学对中华优秀传统文化传播的作用探讨[J]. 文化产业，2022（17）：65-67.

[62] 王威. 新时代网络流行语对中国传统语言文化的影响研究[J]. 作家天地，2022（26）：111-113.

[63] 王义平. 现代广告语言与中国传统文化[J]. 淮阴师专学报，1995（4）：50-51.

[64] 魏惠琳，张福慧. 语言社会化研究的理论基础及前景展望[J]. 外语学刊，2013（6）：10-12.

[65] 文杰. 中华传统文化在国家通用语言文字教育教学中的作用[J]. 知识文库，2021（3）：165-166.

[66] 吴佳佳. 高校汉语言文学教学弘扬中华传统文化的策略[J]. 哈尔滨职业技术学院学报，2022（1）：40-42.

[67] 吴绍芬. 培根铸魂，做好国家通用语言文字推广普及大文章［J］. 中国民族教育，2023（6）：10–12.

[68] 吴月. 强化国家语言文字推广基地支撑作用［N］. 人民日报，2022-12-07（20）.

[69] 武建秀. 汉语言文学对传统文化传播的作用分析［J］. 中国民族博览，2022（24）：121–123.

[70] 谢鹏璇. 语言教学中的文化冲击现象与应对［J］. 教育理论与实践，2015（5）：59–62.

[71] 许依兰. 语言活动中融入中华优秀传统文化有效路径探索［J］. 国家通用语言文字教学与研究，2022（4）：39–41.

[72] 宣传部. 教育部国家语言文字推广基地实地考察专家组到大理大学考察［J］. 大理大学学报，2021，6（7）：2，129.

[73] 严美华. 汉语拼音是中国的，也是世界的［J］. 语言文字应用，2003（S1）：71.

[74] 颜奕，罗少茜. 高校外语教师反思性语言教学研究——一项关键事件问卷调查［J］. 中国外语，2014（2）：4–9.

[75] 杨晶瑜. 汉语言文字的审美特点及其在教学中的作用［J］. 语文建设，2015（33）：35–36.

[76] 杨利生. 推广普及国家通用语言文字 为中华民族伟大复兴凝聚力量［J］. 新闻论坛，2023，37（2）：66–67.

[77] 姚喜双. 加大国家通用语言文字推广力度［J］. 语言文字应用，2022（4）：15–22.

[78] 尹铂淳. 推广国家通用语言文字 助力乡村振兴战略实施［N］. 语言

文字报，2022-03-23（2）.

［79］尹铂淳. 推广普及国家通用语言文字，携手走向美好明天［N］. 语言文字报，2021-09-15（1）.

［80］张百瑶. 中国传统文化视域下的汉语言文学教学的改革创新［J］. 成才，2023（3）：110-111.

［81］张静. 生态教育视域下传统文化语言环境的变迁［J］. 环境工程，2022，40（4）：280.

［82］张敏，李月新. 中国古代的开蒙之学与通用语言文字的推广——以秦汉、隋唐为例［J］. 赤峰学院学报：汉文哲学社会科学版，2023，44（5）：17-21.

［83］张瑞. 推广普及国家通用语言文字促进各民族交往交融策略研究——以铁岭市少数民族区域为例［J］. 辽宁师专学报：社会科学版，2021（5）：18-20.

［84］张筱英. 传统文化理念下语言文字运用的特点分析与研究［J］. 中国民族博览，2021（3）：103-105.

［85］张鑫，段雪柳. 推广国家通用语言文字与铸牢中华民族共同体意识的互动逻辑［J］. 西北民族大学学报：哲学社会科学版，2022（1）：47-55.

［86］张星，李涵伟. 坚持推广普及国家通用语言文字的主导地位［J］. 中南民族大学学报：人文社会科学版，2022，42（9）：61-69，183-184.

［87］赵改莲，李素秋. 边境地区推广普及国家通用语言文字的重要意义——基于西北边境T县的个案研究［J］. 中南民族大学学报：人文社会科学版，2023,43（7）：68-73，184.

［88］赵金铭. 对外汉语研究的基本框架［J］. 世界汉语教学，2001（3）：3–11.

［89］赵菊英. 立足汉语言特点的人文性解读［J］. 教育研究与评论：小学教育教学版，2015（5）：50–52.

［90］赵君，姚雪红，史超. 文化传承：提升语言文字应用能力的灵魂［J］. 现代教育科学：中学教师，2013（3）：26–27.

［91］赵芒芒. 以语言文字助力传统文化创新发展的研究［J］. 汉字文化，2021（8）：56–57.

［92］郑晶晶. 传统孝文化的当代价值探析［D］. 大连：大连海事大学，2014：17.

［93］郑燕，王瑞雪. 基于铸牢中华民族共同体意识的国家通用语言文字推广与普及［J］. 中国民族教育，2022（10）：11–14.

［94］钟凯，李启. 规范语言润文化 人文奠基显品味——来自长沙市开福区清水塘溪泉湾小学语言文字推广基地的报告［J］. 教师，2022（36）：2，129.

［95］周建设，陈炳哲.语言能力修养的主体内容与实现途径［J］. 语言文字应用，2013（3）：2–7.

［96］周作明，薛涛，李佳熙. 试论国家通用语言文字推广的史理与学理［J］. 语言文字应用，2022（4）：23–35.

［97］朱贞翊. 中国优秀传统文化对大学生语言学习的引领［J］. 汉字文化，2021（S2）：181–183.

［98］宗慧坚. 语言文字魅力中经典文化的传播分析［J］. 北方文学：下旬刊，2017（3）：109.